미우라 아야코의 길 따라

아사히카와 문학기행

크리스천
르네상스

미우라 아야코의 길 따라

아사히카와 문학기행

권요섭 지음

크리스천
르네상스

추천의 말

요즘은 성능 좋은 자동차 내비게이션의 덕택으로, 찾아가기 어려운 먼 곳의 소문난 맛집까지 쉽게 가서 즐기고 올 수 있다. 거기다 그 맛집을 잘 알 뿐만 아니라 주변 환경에다 그 집의 내력에도 해박하며, 가장 핵심이 되는 음식 메뉴를 비롯한 모든 것들을 속속들이 아는 전문가의 사전 설명을 듣거나 동행한다면 어떨까? 여행의 목적 달성은 물론이고, 여행길의 과정 자체가 즐겁고 만족도가 더할 나위 없이 높을 것이다.

이 책은 저자가 서문에서 요약하고 있듯이, 미우라 아야코 여사의 '생애가이드'이고 '문학가이드'이며 '문학기행서'이다. '미우라 아야코를 찾아가는 최상의 내비게이션이자 친절한 가이드북'이라고 할 수 있다. 저자는 20년 넘게 일본 선교사로 섬기며, 일찍이 미우라 아야코의 삶과 문학에 심취하여 〈미우라 아야코 독서회〉 운영위원과 한국 담당으로 활동해 왔고, 미우라 아야코 연구로 박사 학위까지 취득할 만큼, 복음 전파와 더불어 문학 학인(學人)의 길을 꾸준히 탐구해 온, 미우라 아야코 전문가이다.

추천사를 쓰기 위해 복사한 원고를 읽으면서, "왜 지금 미우라 아야코인가?"라는 자문(自問)을 해보았다. 그 자답(自答)은, 일본 선교사이자 미우라 아야코 문학의 전문 연구자로서 저자가 현재를 살아가는 한국의 기독교인과 일반 독자들에게 발신하고자 하는 '간절한 내면의 소리'가 있으며, 그 전달의 통로로써 미우라 아야코는 여전히 귀감(龜鑑)이고 유효한 메시지라는 결론이었다.

우선, 인구 감소 추세와 코로나 팬데믹 이후 계속 신앙의 활력과 사회에 대한 영향력을 잃어가는 기독교인들에게는, 복음의 진정한 능력과 영향력을 되찾기 위해 영성 회복과 함께 삶으로 증명하는 신행(信行) 일치의 신앙이 필요하며, 이와 더불어 인간 이해와 관계적 삶을 다양하게 추체험(追體驗)할 수 있는 문학의 유용성을 깨닫게 한다.

일반 독자들이나 생(生)의 의미를 찾는 구도자(求道者)들에게는, 과거에 비해 한국의 독자들이 많지는 않지만, 사후 반세기가 가까워옴에도 그 생애(삶)와 작품들을 통해 여전히 많은 사람들의 가슴속에 별처럼 빛나는 이름이자 봄볕처럼 따사로운 위안의 상징으로 남아있는 미우라 아야코의 문학을 통해, 성경의 세계와 복음과 신앙의 본질적인 세계로 더 깊이 들어갈 수 있게 인도한다.

또한 신앙 여부를 불문하고 각자 다양한 삶의 무거운 짐을 지고 살아가는 지금의 많은 한국 독자들에게, 미우라 아야코 문학의 커다란 특징이자 작가와 작품을 이해하는 데 핵심 열쇠라고도 할 수 있으며, 풍광의 아름다움으로 일본 유수(有數)의 관광지이기도 한 아사히카와(旭川)와 홋카이도(北海道)라는 지역성의 특징을 살려, 최적의 힐링 코스가 될 수도 있는 '미우라 아야코 문학기행'을 통해, 심신의 회복과 치유도 체험할 수 있음을 알려준다.

'가이드북'처럼 휴대의 편리성을 고려한 듯 부피가 두터운 편은 아니지만, 미우라 아야코를 소개하고자 하는 열의와 정성이 응집된 저자의 아이디어와 필력이 돋보이는 매우 귀중한 저서이다. 이 책을 손에 드는 모든 독자에게, "미우라 아야코의 '인생길'을 따라 걷다가 그녀의 삶에서 '참길'을 만나고, 그의 '문학길'을 따라 걷다가 그의 메시지를 발견하고, 그의 '여행길'을 따라 걷다가 (독자의) '인생길'에 도움을 얻게 되기를 바란다"는 저자의 진심 어린 바람이 자신의 것으로 체험되는 축복이 있기를 함께 기원하게 된다.

백문불여일견(百聞不如一見)이라고 한다. 이 책이 미우라 아야코의 작품들을 직접 읽는 계기가 되고, 홋카이도와 아사히카와의 문학 여정을 통해 더 큰 감동을 체험하며, 그 은혜의 순례길에서 참으로 신실한 '하나님의 사람' 미우라 아야코·미쓰요 부부와 만나 하나님의 사랑과 섭리를 깨달음으로, 함께 '영생의 길'로 나아가게 되기를 기대하는 마음을 담아, 기쁘게 추천한다.

권택명

시인, 한일문학번역가, 한국펄벅재단 상임이사

텍스트 읽기를 넘어, 그 텍스트가 태어난 배경을 확인하는 것은 작품 이해를 위해 대단히 의미 깊은 과정이다. 준비된 문학기행은 평생 잊지 못할 깊이 있는 깨달음을 준다. 미우라 아야코의 작품은 물론 텍스트만 읽어도 큰 깨달음을 주지만, 홋카이도 아사히카와에 가서 작품이 탄생한 곳을 확인하면, 그 깨달음의 기쁨은 몇 배로 융기(隆起)한다. 2022년에 아사히카와 미우라 아야코 문학기행을 저자와 함께 진행한 적이 있다. 미우라 아야코로 박사를 취득하고, 미우라 아야코 독서회를 오랜간 진행해 온 저자와 함께 아사히카와에 간다는 것은 큰 기쁨이 아닐 수 없었다. 그때 큰 도움을 받고, 내가 얻은 그 도움이 더 널리 퍼지기를 손 모았는데, 검박한 문체에 풍부한 사진, 정확한 지도를 담은 세련된 편집으로 한 권의 책으로 제작되었으니, 행복하기 그지없다. 이 책을 시작으로, 저자가 기획하고 번역하고 저술한 책들이 연이어 나오기를 손 모은다. 이 책은 미우라 아야코 작품을 제대로 이해하기 위한 종요로운 필독서다.

김응교

시인, 문학평론가, 숙명여대 교수

***

언제나 아야코의 문장을 대할 때면, 부드러운 종이에 손을 베이듯 페이지를 넘기는 그 순간순간 손끝이 아려오는 통증이 저릿하게 스며든다. 나는 이 책에서 아야코의 공간을 마주할 때 특유한 채취를 다채롭게 경험했다. 적어도 글로 만난 '아사히카와'는 내게 그러했다.

심장발작 파킨슨병 혈소판 감소증 대상포진 직장암 '죽음'을 경험하고 '결핵'을 살고, 장티푸스 류머티즘 척추병… 이런 단어마다 서려 있는 서사를 대한다는 건 '고통'이다. 아니 '죽음'이다.

혹, 기회에 아사히카와 골목을 거닐게 된다면 한 손에 이 가이드북과 한 손엔 잘 익은 만년필 한 자루 들고 '아사히카와 소설' 초안을 써 보고 싶다. 누가 알겠는가? 아야코 고택에서 시오카리 고개에서 그 존재 위에 커다란 또 다른 존재를 불쑥 만나게 될지. 한 사람의 존재 위에 그 누군가 기꺼이 버텨주고 주목한 큰 존재를 조우하게 된다면 이 거친 여정 또한 넉넉하게 걸어갈 수 있지 않겠는가?

여행은 '가는 것' '하는 것' '보는 것'이라는 레토릭(수사법)에 나는 전혀 동의하지 않는다. 어쩌면 여행은 '글'이다. 아니 '음악'인가? 악보마다 음의 높이가 다르고 장조와 단조를 오고 가며 한편의 아름다운 소리의 조합을 내는 것처럼. 또한 여행은 하나의 '외국어'다. 고로 문법과 어휘를 공부하고 알면 이해가 풍성해진다. 그런 면에서 이 책은 좋은 어학 교재처럼 내게 다가왔다. 그리고 바그니의 표현을 빌리지면 "세상에 최종적인 구원을 가져다준"것처럼 아야코이 생의 흔적을 따라 걸어가다 보면 만나게 될 큰 존재(구원)를 직면하게 된다. 그래서 이 책은 '신학적'이다. 아니 신학적 체험으로 가득하다. 문득 말러의 교향곡을 대하는 것처럼, 아름다운 연주곡 한편! 읽었는지 보았는지 들었는지… 그 어디 즈음에서.

그나저나 '가이드북'으로 이런 전율과 경외의 감정 체험이 가능하다니 말이 되는가? 아야코와의 '누미노제(numinose: 신비롭고 두려우면서도 매혹적인 체험)'한 조우를 기대하며…

자, 이제 두툼한 카고바지에 이 책 한 권 툭 넣어 아사히카와 골목을 걷고 싶다.

권순익

엠살롱 아카데미 대표

아사히카와역 건물 너머 왼쪽에 빙점교가, 오른쪽 뒤편에 외국수종견본림 숲이 보인다.
그 숲 입구에 미우라아야코기념문학관이 있다.

저
자
의
말

미우라 아야코(이후, 아야코)는 소설 형식의 자서전을 집필했다. 『풀의 노래』, 『돌멩이의 노래』, 『길은 여기에』, 『이 질그릇에도』, 『생명이 있는 한』, 『내일을 노래해』 등 6권을 '자전 소설'이라 부른다.

『풀의 노래』는 출생에서 소학교 졸업까지 병약하고 감수성이 예민했던 유소년기의 경험, 주변에서 일어난 죽음, 친구들과의 만남과 이별 등을 통해 작은 영혼이 풀과 같이 싹트는 어린 시절의 추억을 그렸다.

『돌멩이의 노래』는 여학교 입학부터 교사를 자진 사직할 때까지의 이야기로 군국 소녀가 탄광 마을에서 소학교 교사로 아이들을 사랑하고, 군국 교사로 아이들을 가르치다가 패전과 좌절을 경험한 청춘 시절의 기록이다.

『길은 여기에』는 일본의 패전으로 삶의 길과 목적을 잃고 심신의 폐허와 영혼의 방황 끝에 어릴 적 친구인 마에카와 다다시의 사랑에 의해 기독교에 입문하고 다다시가 죽고난 후 미우라 미쓰요를 만나 결혼하기까지의 기록이다. 미우라문학의 열쇠가 되는 자전 소설이다.

『이 질그릇에도』는 결혼식 다음 날부터 『빙점』 당선 발표일까지의 결혼 생활의 기록이다. 손을 뻗으면 천정이 닿을 듯한 집에서 둘의 가정생활이 시작되었다. 부부 사이의 여러 가지 과제로 함께 겸손을 배워가며 미우라 부부는 점점 하나님의 그릇이 되어간다.

『생명이 있는 한』은 1964년 7월 10일, 『빙점』 입선이 발표된 아사히신문 조간이 배달된 때부터 10년간의 문필 생활 기록이다. 소설의 취재 여행, 가족 관련 사건들, 로쿠조교회당 건축 등이 기록되었다.

『내일을 노래해』는 『생명이 있는 한』의 속편으로 1975년 1월부터 1984년 12월까지의 문필 생활 기록이다. 『덴포쿠 벌판』, 『이류 지대』, 『해령』 등 소설 취재 여행과 드라마·영화 제작, 양가 모친의 죽음, 질병과의 싸움 등을 기록했다. 이 책은 아야코가 소천하고 그다음 달에 출간되었다.

1985년부터 소천까지의 생애는 남편 미쓰요의 『아야코에게』와 『아내 미우라 아야코와 산 40년』을 참고해 테마를 '달려갈 길을 마치고'로 정해서 기술했다.

『풀의 노래』와 『돌멩이의 노래』는 아야코를 제대로 이해하려면 꼭 알아야할 내용이 가득해 여러 곳을 번역하여 인용했다. 이 책은 아야코의 출생부터 소천까지를 6권의 자전 소설을 참고로 차례대로 집필했기에 아야코의 생애 가이드라고 할 수 있다.

또 이 책은 미우라문학 가이드다. 아야코는 자기 경험을 등장인물에 투영시켰다. 그녀의 소설에서 이 자전 소설의 편린들을 발견하는 기쁨이 크다. 자기 경험과 체험을 소설에 자주 사용했기 때문이다.

> 미쓰요는 아야코가 이전에 대가 니와 후미오(丹羽文雄)에게서 받은 조언을 회상했다.
> "자신이 잘 알고 있는 세계를 쓰는 것이 제일이에요. 장소든 인물이든."
> 그 말을 양식 삼아 지금까지도 아야코는 소설에 등장시키는 장소에는 반드시 가기로 했고 가리후토(樺太)처럼 가기 어려운 경우는 체험자에게 이야기를 듣고 메모를 해서 추체험(追体験)했다.
>
> 『따스한 일광』〈13〉

『빙점』의 주인공 요코는 아야코의 죽은 여동생 이름이다. 요코가 우유 배달한 것도 자기 경험이다. 지가사키의 할아버지는 지인 이가라시 겐지가 모델이다. 『시오카리 고개』의 후지코에게서 아야코의 모습이 보인다. 나가노 노부오에게는 마에카와 다다시와 미우라 미쓰요를 투영했다. 또 여학교 시절 교사인 네모토 요시코를 실명 그대로 등장시켰다.

> 『시오카리 고개』라는 내 소설에서 소학생 주인공이 연모하는 여교사가 나온다. 나는 그 여교사를 네모토 요시코라는 이름으로 했는데 물론 이것은 네모토 선생님의 이름을 빌린 것이다. 결혼해서 가네다(金田) 성이 되었지만 2년 전에 남편을 여의고 올해

『문자반(文字盤) 없는 시계』라는 시집을 내셨다.

『돌멩이의 노래』〈4〉

『양들의 언덕』의 히로노 목사 부부는 니시무라 규조 부부가 모델이다. 『총구』의 와타나베 미사오는 소학교 6년 동안 담임했던 교사 이름을 그대로 사용했다. 아야코의 생애와 경험을 미리 알면 미우라문학을 이해하는 데 매우 유익하다.

마지막으로 이 책은 문학 기행서다. 작가의 생애를 알고 그 연고지에 가서 느끼는 감정은 특별하다. 홋카이도 아사히카와는 아야코의 고향이다. 여기서 출생했고 소천할 때까지 살았기에 관련 유적지가 많다. 또 아야코의 소설 배경은 주로 홋카이도다. 특히 아사히카와가 배경인 소설로는 『빙섬』, 『석복 상자』, 『잔상』, 『총구』 등이 있다. 『시오카리 고개』의 사고 현장과 기념관도 가까이에 있다. 이 책을 들고 아야코 문학 기행을 떠나는 독자들의 모습을 그려본다.

아야코의 인생길을 따라 걷다가 그녀의 삶에서 발견된 참길을 만나고, 미우라문학의 길을 따라 걷다가 아야코의 메시지를 발견하고, 미우라 아야코 여행길을 따라 걷다가 인생길에 도움을 얻게 된다면 저자로서 더할 나위 없이 기쁘겠다.

감사 인사를 드려야 할 분들이 많다. 원고를 읽으며 꼼꼼하게 교정을, 정성스런 추천사를, 그리고 늘 아버지처럼 격려해 주시는 권택명 시인, 문학 모임과 기행 등에서 함께 하며 지도와 응원을 해 주시는 김응교 교수, 획기적인 독서 운동을 선도하며 한국 기독교계에 신선한 도전과 바람을 일으키는 권순익 대표에게 감사드린다.

이 책에 사용된 사진들은 저작권 소유 단체인 '미우라아야코기념문학관'의 정식 허락을 받았다. 몇 번의 문의와 부탁에도 난바 마사치카 사무국장은 기꺼이 응대해 주었다. 미우라 아야코를 좋아해 아사히카와로 신혼여행 갈 정도로 아야코에 대한 특별한 사랑과 관심을 가진 서세은 과장과 함께 작업하게 되어 기뻤다.

끝으로 이 책의 집필을 맡기고 출간해 준 크리스천르네상스 정영오 대표는 꽤 긴 기간 인내하며 기다려 주었다.

이런 분들의 수고와 사랑에 힘입어 이 책의 가치와 수준이 향상되었음에 머리 숙여 감사드린다.

2024년 4월, 도쿄에서

권요섭

미우라 아야코의 길 따라

아사히카와 문학기행

아사히카와
문학기행 코스

홋카이도

홋카이도(北海道)는 가장 북쪽에 있는 섬으로 47개 도도부현
(都道府県) 중에서 면적이 가장 넓다. 인구는 506만 명이며, 최대
도시는 인구 213만 명의 삿포로시(札幌市)다. 홋카이도 인구의 절반이
삿포로와 그 근교에 거주하고 있다. 아사히카와시(旭川市)는 32만
명으로 삿포로시에 이어 두 번째로 인구가 많다.

아사히카와시

홋카이도

삿포로시

아사히카와시

아사히카와시

미우라 아야코의 고향 아사히카와시는 홋카이도에서 거의 중앙에 위치하며, 이시카리강(石狩川), 주베쓰강(忠別川), 비에이강(美瑛川), 우슈베쓰강(牛朱別川) 등 130여 개의 하천이 있다. 연간 기온 차가 크며, 겨울 추위는 홋카이도 내에서도 유명하다. 그러나 도시화 영향으로 영하 20℃ 이하가 되는 날이 적어지고 있다. 강수량은 태풍의 영향이 적어 일본 평균치의 절반 정도이다.

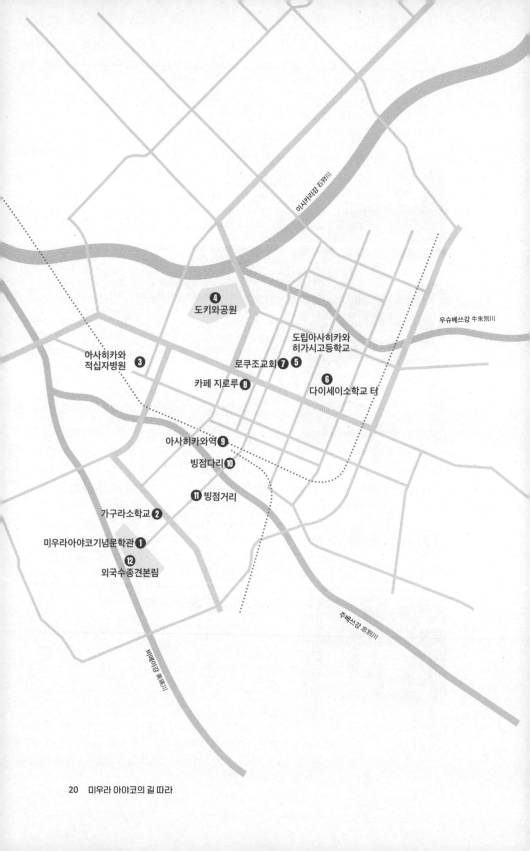

④ 도키와공원

도립아사히카와
히가시고등학교

우슈베쓰강 牛朱別川

아사히카와
적십자병원 ③

로쿠조교회 ⑦ ⑤

카페 지로루 ⑧

⑥
다이세이소학교 터

이시카리강 石狩川

아사히카와역 ⑨

빙점다리 ⑩

⑪ 빙점거리

가구라소학교 ②

미우라아야코기념문학관 ①

⑫
외국수종견본림

주베쓰강 忠別川

비에이강 美瑛川

도보 코스

미우라아야코기념문학관을 시작으로
『빙점』에 등장하는 장소와 미우라 부부와 관련된 곳을 탐방하는 코스

❶ 미우라아야코기념문학관 三浦綾子記念文学館

홋카이도 아사히카와시 가구라 7조 8초메 2-15
北海道旭川市神楽7条8丁目2-15

❷ 가구라소학교 神楽小学校

홋카이도 아사히카와시 가구라 5조 8초메 1
北海道旭川市神楽5条8丁目1

❸ 아사히카와적십자병원 旭川赤十字病院

홋카이도 아사히카와시 아케보노 1조 1초메 1-1
北海道旭川市曙1条1丁目1-1

❹ 도키와공원 常盤公園

홋카이도 아사히카와시 도키와공원
北海道旭川市常磐公園

❺ 도립아사히카와히가시고등학교 道立旭川東高等学校

홋카이도 아사히카와시 6조도오리 11초메
北海道旭川市6条通11丁目

❻ 다이세이소학교 터 大成小学校跡

홋카이도 아사히카와시 6조도오리 14초메
北海道旭川市6条通14丁目

❼ 로쿠조교회 旭川六条教会

홋카이도 아사히카와시 6조도오리 10초메 우4
北海道旭川市6条通10丁目右4

❽ 카페 지로루 喫茶ちろる

홋카이도 아사히카와시 3조도오리 8초메 좌7
北海道旭川市3条通8丁目左7

❾ 아사히카와역 旭川駅

홋카이도 아사히카와시 미야시타도오리 8초메 3
北海道旭川市宮下通8丁目3

❿ 빙점다리 氷点橋

⓫ 빙점거리 氷点通り

⓬ 외국수종견본림 外国樹種見本林

홋카이도 아사히카와시 가구라 7조 8초메 2
北海道旭川市神楽7条8丁目2

도키와공원 사진 출처 https://commons.wikimedia.org/wiki/File:旭川常磐公園2.JPG#/media/File:旭川常磐公園2.JPG

자동차 코스 _ 아사히카와 시외 지도

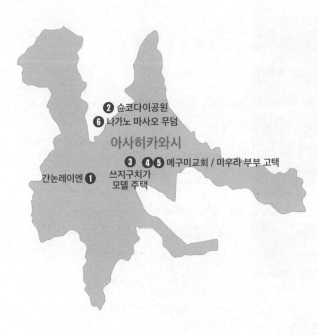

❼ 시오카리고개기념관 / 나가노 마사오 순직비

❷ 슌코다이공원
❻ 나가노 마사오 무덤

아사히카와시

❸ ❹❺ 메구미교회 / 미우라 부부 고택

간논레이엔 ❶ 쓰지구치가
　　　　　　모델 주택

❽ 비에이 사계채의언덕

❾ 비에이 청의호수

❿ 후라노 팜 도미타

자동차 코스

『빙점』과 『시오카리 고개』의 배경이 되는 장소와
미우라 부부 연고지 및 아름다운 자연을 탐방하는 코스

❶ 간논레이엔(미우라 부부 무덤) 観音霊苑

홋카이도 아사히카와시 가무이초 도미자와 409-4
北海道旭川市神居町富沢409-4

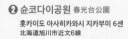

❷ 슌코다이공원 春光台公園

홋카이도 아사히카와시 지카부미 6센
北海道旭川市近文6線

❸ 쓰지구치가 모델 주택 辻口家

홋카이도 아사히카와시 미야시타도오리 22초메 1974-74
北海道旭川市宮下通22丁目1974–74

❹ 메구미교회 旭川めぐみキリスト教会

홋카이도 아사히카와시 도요오카 2조 4초메 2-13
北海道旭川市豊岡2条4丁目2-13

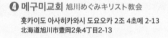

❺ 미우라 부부 고택

홋카이도 아사히카와시 도요오카 2조 4-5-1
北海道旭川市豊岡2条4-5-1

❻ 나가노 마사오 무덤 長野政雄のお墓

홋카이도 아사히카와시 지카부미 6센 1호
北海道旭川市近文6線1号

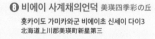

❼ 시오카리고개기념관 塩狩峠記念館
나가노 마사오 순직비長野政雄顕彰碑

홋카이도 가미카와군 왓사무초 시오카리 543
北海道上川郡和寒町塩狩543

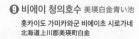

❽ 비에이 사계채의언덕 美瑛四季彩の丘

홋카이도 가미카와군 비에이초 신세이 다이3
北海道上川郡美瑛町新星第三

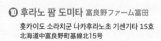

❾ 비에이 청의호수 美瑛白金青い池

홋카이도 가미카와군 비에이초 시로가네
北海道上川郡美瑛町白金

❿ 후라노 팜 도미타 富良野ファーム富田

홋카이도 소라치군 나카후라노초 기센기타 15호
北海道中富良野町基線北15号

후라노 팜토미타 사진 출처 https://commons.wikimedia.org/wiki/File:Amaranthaceae_of_Farm_Tomita.jpg

자동차 코스 _ 아사히카와 시내 지도

슌코다이공원 ❷

나가노 마사오 무덤 ❻

이시카리강 石狩川

지카부미역

우슈베쓰강 牛朱別川

아사히카와역

쓰지구치가 모델 주택 ❸

메구미교회 ❹ ❺
미우라 부부 고택

비에이강 美瑛川

주베쓰강 忠別川

간논레이엔 ❶

미우라 아야코의 길 따라

풀의 노래 草のうた 1922~1935

『풀의 노래』, 가도카와서점, 1986년 12월 출판

홋타 아야코(이후, 아야코)는 1922년 4월 25일, 홋카이도 아사히카와시에서 아버지 데쓰지(33세)와 어머니 기사(29세)의 차녀로 출생했다.[1] 아야코는 탯줄을 목에 감고 울지도 못하고 축 늘어진 가사(仮死) 상태로 태어났다고 어머니에게 자주 들었다. 숙련된 산파가 아야코를 거꾸로 해서 엉덩이를 몇 번 때려 겨우 소생시켰다.

첫째 오빠 미치오, 둘째 오빠 기쿠오, 셋째 오빠 도시오, 언니 유리코, 그리고 아버지의 여동생 즉 고모 스에 등과 함께 살았다. 동생들이 태어나 소학교 3학년 때 13명의 대가족이 되었다. 아버지는 신문사 영업부장으로 가난하지는 않았지만 풍족한 편도 아니었다.

홋타가(堀田家) 가계도

스에(고모)	데쓰지(부)		기사(모)	*에쓰(외조모)

미치오	기쿠오	도시오	유리코	아야코	데쓰오	아키오	요코	하루오	히데오

*외조모는 가까운 곳에 살았다.

가사 상태로 태어나서인지 아야코는 어려서부터 병약해 자주 병원에 갔다. 소학교에 들어가기 전부터 졸업할 때까지 7년간 이비인후과인 시다(志田)병원에 다녔다.

---

1 아사히카와시 4조도오리 16초메 좌2호에서 태어난 홋타 아야코(堀田綾子)는 미우라 미쓰요(三浦光世)와 결혼해 미우라 아야코가 되었다.

감기에 걸리면 꼭 편도선이 붓고 그것이 원인이 되어 중이염을 병발(倂發)하고 이루(耳漏)에 걸린다. 그리고 결국에는 축농증이 되어버린다. 시다 선생님은 콧수염을 기른 친절한 의사였다. 나는 인력거에 달랑 혼자 타고 자주 시다병원에 다녔다. (중략)

병원에 도착하자 인력거꾼이 나를 들어올리듯 두 팔로 껴안고 현관으로 들어간다. 현관에는 많은 신발과 게타(下駄)가 벗겨져 흩어져 있지만 인력거꾼에게서 나를 넘겨 받은 간호사는 조금도 기다리지 않도록 나를 의사 앞으로 데려갔다. 밖에서 인력거가 기다리고 있어서 그랬을 것이다.

"목과 코와 귀는 연결되어 있으니까. 그래서 하나가 병에 걸리면 다른 곳도 병에 걸리는 거야."

시다 선생님은 그렇게 말하고 코에 약을, 목에 루골(lugol)을 바르고 이루를 닦아주었다. 나는 옆의 보라색과 갈색의 약병이 뭔가 신비스럽게 느껴졌고 크레졸 냄새에도 마음이 끌렸다.

『풀의 노래』〈30〉

외할머니와 언니

아야코는 외할머니의 사랑을 많이 받았다. 외할머니는 손주들이 태어나거나 아플 때마다 달려왔고 어린 아야코에게 옛날이야기와 할머니의 어릴 적 이야기도 들려주었다. 이런 이야기들로 아야코의 상상력은 풍부해졌을 것이다.

아야코는 오빠 셋과 언니가 있었는데 하나 밖에 없는 세 살 많은 언니 유리코에게 영향을 받았다.

나면서부터 몸이 약해서일까, 나는 방구석에서 조용히 책 읽는 것을 좋아했다. 위로 오빠와 언니가 있어서일까, 글자 읽는 것이 빨랐다. 네 살 때는 꽤 두꺼운 책 한 권을 언제나 손에 들고 있었던 것 같다. 그것은 지금의 동화책처럼 예쁘지 않았다. 언니가 읽고 난 책이었는지 표지도 찢어지고 페이지도 젖혀져 있었다. 아이들 책이라고 할 수 없을 정도로 삽화도 없었다. 그런데 시와 동화가 많이 들어있어 읽어도 질리지 않았다. 내 무릎 위에는 늘 낡은 그 책이 있었다.

『풀의 노래』〈2〉

아야코는 어려서부터 독서를 좋아했다. 유리코와 아야코는 하루라도 책을 읽지 않은 날이 없을 정도였다. 언니와 고모 책 중에서 아야코는 특히 연애소설을 자주 읽었다. 소학교 4학년부터 여러 소설을 닥치는 대로 읽었다. 담임 교사에게 성인소설 읽는 것에 대해 주의를 들을 정도였다. 대부분 빌려서 읽거나 언니가 빌려온 책들이다. 마에카와 집에서 매달 『유년 클럽』과 『소년 클럽』을, 이케다 집에서 매달 『유년 니리』와 『소녀 클럽』을 빌려 읽었다. 아야코는 외할머니와 언니 유리코로부터 문학적 영향을 받았으며 다량의 독서를 통해 소설가로 준비되어 갔다.

문학적인 영향을 받은 것으로 빼놓을 수 없는 것이 바로 영화이다. 2학년 때 학교에서 단체 관람한 후부터 영화의 매력에 빠졌다. 아야코는 3학년 때 관람한 극영화 「곤지키야샤金色夜叉」가 끝나고 전등이 켜질 때 얼굴을 들지 못할 정도로 울었다. 3학년이지만 약혼녀 오미야(お宮)에게 배신당한 간이치(貫一)의 괴로움이 뼈저리게 느껴졌기 때문이다. 이후 가끔 영화를 보러 갔다. 고모나 할머니와 함께 간 적도 있지만 영화관에 가서 아버지의 명함을 보여주면 그냥 들여 보내주었다. 아버지가 신문사에 근무하고 있었고 영화관과 친밀한 관계였기 때문이다. 아야코는 언니 유리코와도 자주 영화를 관람했다. 아야코는 영화가 책을 좋아하게 하는 데 일조했다고 했다.

아야코는 소학교 시절 작문에 재능을 보였다. 다이세이소학교 3학년 때에 매월 정기 발행되는 문집 『싹芽生』에 아야코의 글이 실렸다. 「옆집 개となりの犬」라는 제목으로 이케다가(家)의 개 '에스'가 죽었을 때 쓴 작문이었다. 또 5학년 때

왼쪽부터 아야코, 고모 스에, 남동생 데쓰오, 언니 유리코(1925년)
ⓒ三浦綾子記念文学館 미우라아야코기념문학관 사용 허락 번호 1-1

는 연애를 소재로 한 역사 소설 『두견새 울 무렵ほととぎす鳴く頃』을 노트 한 권에 집필했다.

이사

아야코는 아사히카와시 4조도오리 16초메 좌2호에서 출생했고 1928년 3월 여섯 살 때 9조도오리 12초메 우7호로 이사했다. 1930년 봄에 마에카와 일가가 옆집으로 이사와 일 년간 살고 이사 갔다. 1932년 열 살 때 9조도오리 12초메 좌3호로 이사해 결혼 전까지 살았다. 아야코는 이 집의 모습을 이렇게 기억하고 있다.

> 더군다나 마을에서 눈에 띄는 십 중의 하나였다. 거기에 현관의 웅대 공간이 2조(畳, たたみ), 6조 방이 둘, 8조 방이 둘, 게다가 7조의 부엌이 달리고 부엌보다 약간 넓은 욕실과 창고가 붙어 있는 정도의 넓이였다. 방 수가 그다지 많은 것은 아니지만 ㄷ자로 둘러싸인 복도를 따라 각 방이 마련되어 있어서 매우 널찍이 보이는 집이었다.
>
> 『풀의 노래』〈16〉

몇 번의 이사는 있었지만 아야코는 아사히카와에서 태어나 자랐고 아사히카와에 있는 학교를 다녔다.

다이세이(大成)소학교

아야코는 1929년 4월 1일 다이세이소학교에 입학했다.

내가 다니던 다이세이소학교는 근처의 주오(中央)소학교와 함께 학생 수가 점점 늘어나 전교 학생 수가 2,000명을 훨씬 넘었다. 그래서 다이세이소학교에서 700~800m 떨어진 곳에 닛신(日新)소학교가 신설되어 다이세이소학교는 한 학년 여섯 반이 네 반

편성으로 바뀌게 되었다. 즉 한 학년 두 학급, 전교 열 학급 이상이 신설 학교로 옮겨 가게 된 것이다.

『풀의 노래』〈11〉

이 학교는 1900년 주베쓰(忠別)보통고등소학교 제1분교로 설립되었다. 1902년 가미카와(上川)제2보통소학교로, 1918년 다이세이보통소학교로 개명되었다. 아야코는 이 시기의 학생이었다. 1947년 다이세이소학교로 변경되고 1970년 통합으로 지신(知新)소학교가 되었다. 다이세이소학교 이름이 사라지고 이후 건물도 철거되었지만, 그 터 한구석에 '구(旧) 다이세이소학교 터'라는 기념비를 세워두었다.

마에카와 가족

아야코가 2학년 때 마에카와 일가가 옆집으로 이사왔다. 문패에는 '마에카와 도모키치(前川友吉)'라고 적혀 있었다. 품위 있는 어머니 히데코(秀子)와 과묵하고 성실한 아버지 도모키치와 장남 다다시(正), 여동생 미키코(美喜子), 그리고 아직 어린 스스무(進). 5명의 가족이었다. 다다시는 아야코보다 두 살 위로 같은 학교 4학년이었다. 미키코는 아야코보다 두 살 아래였고 스스무는 세 살 정도였다. 다다시의 교복 가슴에 빨간 배지가 달려 있었는데 다이세이소학교 반장 표시였다.

2학년 크리스마스 밤, 아야코는 미키코를 따라 처음으로 니조(二条)교회에 갔다. 오래되었지만 넓은 교회당 안에 아이들이 가득했다. 아야코는 이 교회당에서 그림으로만 보았던 눈부시고 화려한 장식의 크리스마스 트리를 처음 보았다. 아야코를 처음 교회에 데려간 것은 미키코였고 청년이 되어 다시 이 교회로 인도한 것은 미키코의 오빠 다다시였다.

MAP

다이세이소학교 터 大成小学校跡

홋카이도 아사히카와시 6조도오리 14초메
北海道旭川市6条通14丁目

도키와(常磐)공원

아야코는 다이세이소학교 3학년 때 반장이 되었다. 운동회가 열리는 날, 학교에서 도키와공원 운동장까지 1km가 넘는 거리를 학급의 선두에서 걸었다. 운동장에 도착해서 호령도 했다.

> 하늘은 맑고 땅은 푸르고
> 빼어난 봉우리 높게 빛나고
> 태양이 하늘을 달려올 때
> 내 건각은 땅에서 뛴다

2,000여 명의 아동이 부르는 응원가가 운동장에 가득 퍼졌다.

이 공원은 아사히카와역에서 걸어서 15분 거리에 있다. 공원 안에 미술관과 중앙도서관이 있어 지금도 아사히가와 시민들의 쉼터 역할을 한다.

로쿠조(六条)교회 주일학교

아야코가 교회에 처음 간 것은 마에카와 미키코를 따라 참가한 크리스마스 축하 모임이었다. 이후 1931년 소학교 3학년 때 친구 이시하라 도시미(石原寿ゝ)의 권유로 로쿠조교회 주일학교에 출석했다. 학교를 좋아했던 아야코는 일요일에도 뭔가를 배울 수 있다는 것이 기뻤다. 또 일요일에 식구가 많은 집에서 지내기 싫어 교회에 갔다.

로쿠조교회는 아야코 집에서 약 60m 거리에 있었다. 정면에서 높은 계단을 따라 2층으로 올라가면 예배당 문이 있었다. 주일학교 입구는 그 계단 아래에 있었고 1층이었다. 당시에는 산뜻한 서양식 건물에 들어가는 것만으로도 즐거웠을 것이다. 다음은 당시 로쿠조교회 주일학교의 모습을 볼 수 있는 내용이다.

주일학교 3학년 담임은 오쓰키 히로코(大槻博子) 선생님이라고 했다. 갸름하고 어딘가 쓸쓸한 듯한 예쁜 사람이었다. 미요코 이모와 여학교 동창으로 열아홉 살이라는 것을 얼마 후 이모에게 듣고 알았다. 3학년 반은 10명 정도였다. (중략)

이 주일학교 교실은 일요일 이외는 유치원으로 사용되었다. 그래서일까 작은 홀에는 여러 가지 놀이기구가 있었다. 커다란 나뭇조각, 고리 던지기 등 여러 가지가 있었지만 가장 관심을 끈 것은 조립식 집이었다. 빨강과 녹색 페인트를 칠한 그 집에는 창이 있고 작은 현관이 있었다. 주일학교 수업 시간까지 아이들은 이 장난감 집에 들어가거나 해서 실컷 놀곤 했다. 동화의 나라에서 노는 것과도 비슷한 즐거운 시간이었다.

주일학교와 소학교의 차이에 노트가 없다는 것도 있었다. 시간도 짧고 1시간 밖에 안 했다. 나는 거기에서 성경 이야기를 듣고 찬송가를 배웠다. 가장 좋아하는 찬송가는 "예수님 예수님 우리들을 당신의 좋은 아이 되게 해주세요."라는 노래였다. 이 찬송가를 부르면 마음이 몹시 순수해졌다. 소학교 창가(唱歌)에는 없는 뭔가를 나는 그 찬송가에서 느꼈다. (중략)

주일학교에서는 운동회도 했다. 녹음이 아름다운 스이코엔(翠香園)이라는 작은 공원에서 바구니에 공 던지기를 한다든지 달리기 시합을 했다. 소학교에서는 한번도 순위에 들지 못한 내가 주일학교에서는 연필이나 노트를 상품으로 받았다. 아마 참가자 전원에게 상품을 주었을 것이다. 선생님은 혼내는 사람이라고 생각했는데 혼내는 일은 거의 없었다. 이시하라 도시미 등과 함께 선생님 집에 놀러 가면 십 전(錢)의 밀크 캬라멜을 한 사람당 한 통씩 주었다. 나는 받아도 될지 어떨지 망설였다. 십 전의 통은 큰 통이다. 나는 지금까지 십 전의 캬라멜을 누구에게도 받아본 적이 없었다.

나에게 교회의 주일학교라는 곳은 눈부신 잔디밭에서 놀고 있는 듯한 그런 기분 좋은 곳이었다. 그런데 이런 기분 좋은 주일학교에 왠지 나는 일 년밖에 다니지 않았다.

『풀의 노래』〈10〉

1년 정도 다녔던 이 로쿠조교회에 미우라 미쓰요(三浦光世)와 교제하면서

다시 출석하게 되었다. 미쓰요와의 약혼식과 결혼식을 이 교회당에서 올렸고 장례식도 이 교회가 주관했다.

선사(禅寺) 일요학교

아야코는 선사의 일요학교에도 다녔다. 이 일요학교에는 '스-짱'이라 불리는 같은 반 야마다 스미코(山田澄子)가 권해서 간 것 같다. 아야코는 선사 본당 뒤쪽에 유골함이 가득 쌓여있는 것에 놀랐다. 뭔가 몹시 허무한 생각이 덮쳤는데 '모두 죽었네. 죽은 사람들뿐이네. 원래는 살아 있었을텐데'라며 으스스한 경험을 한다. 죽음에 대해 깊이 생각하게 한 유골함이 자기에게 적지 않은 영향을 주었다고 아야코는 고백했다.

아야코는 선사 일요학교에서 '생자필멸 회자정리'[2]라는 말을 배웠다. 소학교 3학년 때 몇 번의 이별을 경험했다. 3월에 마에카와 일가와 헤어졌고 이나베 요시코(稲辺芳子) 일가도 교외에 집을 지어 이사 갔다. 보목현업소의 나치다 소장 일가도 전근해서 떠났고 우체국 직원 하숙집을 했던 와타나베 히사에(渡辺久江) 집도 이사 갔다. '옆집 오빠'는 죽고 그 일가 또한 어디론가 이사 갔다. 또한 소학교의 많은 급우들과 헤어졌다. 정말 '회자정리'의 해였다.

많은 급우와 헤어진 이유는 다이세이소학교의 학생 수가 점점 늘어 분립했기 때문이다. 전교 학생 수가 2,000명을 훨씬 넘자, 다이세이소학교에서 700~800m 떨어진 곳에 닛신(日新)소학교를 신설해 각 학년의 두 반씩을 그 학교로 보냈다.

아쉬운 이별도 있었지만 새로운 만남도 많았다. 첫 외국인인 중국인 가정도 이사왔고 에이 짱, 이케다 나오에 일가 등이 이사왔다. 이케다 집에 자주 놀러갔고 책들을 빌려보았다.

---

2   生者必滅会者定離

우유 배달

1932년 소학교 4학년 가을부터 7년간 우유 배달을 했다. 큰오빠의 가업을 돕기 위해 시작한 배달을 여학교 졸업 때까지 했다.

어린이용 자전거를 탈 수 있게 되자 나는 당장 우리집에 있는 어른용 자전거로 우유 배달을 시작했다. 하지만 아직 4학년이라서 뒤쪽의 짐받이에 우유 상자를 실으면 자전거는 휘청거려 불안했다. 옛날 어른용 자전거는 안장이 높아서 타기 힘들었다. 도로는 자갈길이 많아 더욱더 자전거 배달은 곤란했다. 그래서 나는 잠깐동안은 우유 스무 병씩 들어간 즈크(deok)³ 주머니를 양손에 매달고 걸어서 배달하기로 했다.

새벽 5시에 눈을 뜬다. 세수를 마치면 바로 내가 배달하는 병 수만큼 준비한다. 고무 끈에서 세차게 내뿜어 나오는 우유를 차례차례 채워 넣는다. 내친김에 내 배에도 두 홉 정도 부어 넣고 아직 잠들어 있는 마을로 나간다.

『풀의 노래』〈15〉

아사히카와는 우슈베쓰강(牛朱別川)이 흐르고 맑은 날에는 멀리 다이세쓰산(大雪山)이 보인다. 일본 최저 기온 기록을 가지고 있는 이 대자연 속을 혼자서 걸으며 아야코는 무슨 생각을 했을까?

4학년 가을에 시작한 우유 배달을 새해가 되어도 계속했다. 배달 건수가 점점 늘어났다. 새벽 5시에 일어나는 것은 그렇게 고통스럽지 않았지만, 겨울 이른 새벽의 추위는 혹독했다. 코트를 입고 털실 모자를 쓰고 목도리를 두르고 두꺼운 털실 장갑을 끼고 밖으로 나간다. 영하 25~6도에는 한숨, 숨을 들이쉬기만 해도 코털이 끈적끈적하다. 양손에 육중한 우유를 들고 있다. 추운 날은 자주 있었지만, 눈은 내리지 않는다.

---

3   삼베나 무명실로 두껍게 짠 직물.

한 걸음 한 걸음 걸어갈 때마다 눈길은 전분을 밟아 다지는 것처럼 뽀드득뽀드득 소리를 내었다. 공기도 얼었나 싶을 정도의 형언할 수 없는 고요함이 추위와 함께 몸을 감싼다. 이윽고 속눈썹이 하얗게 얼어붙는다. 눈 깜박이며 발소리를 들으며 걸어간다. 저 고요함과 저 추위가 나에게 준 것은 무엇일까? 나는 잘 몰랐지만, 그것은 어른들 말로 하면 철학적인 명상을 권하는 정신적인 세계였던 것 같다. 굳게 입을 다물고 묵묵히, 아직 어둑어둑한 아침 길을 갈 때 나는 왠지 마음이 뿌듯했다.

『풀의 노래』〈20〉

비 내리거나 바람 불거나 눈 오는 날, 한여름의 무더위, 영하 30도를 넘는 혹한의 겨울 아침에도 우유 배달은 하루도 거르지 않았다. 7년에 걸친 우유 배달은 아야코의 생애에 귀중한 자산이 되었음에 틀림없다. 이런 경험을 통해 『빙점』에서 요코가 우유 배달하는 것을 상세하게 묘사할 수 있었다.

5학년 반장

3학년에 이어 5학년 때도 반장이 되었다. 1반과 2반은 남자 반이고 3반과 4반이 여자 반이었는데 아야코는 4반이었다. 와타나베 미사오 선생님이 반장 선거를 하자며 투표 용지를 나눠주려 했다.

느닷없이 "홋타!", "홋타!"라는 소리가 교실 안에서 터져 나왔다. 마치 학급 전체가 약속이나 한 것처럼 내 이름을 부르는 것이다. 이렇게 해서 무투표로 반장이 되었다. 이 때의 감격이 그 후에도 나를 얼마나 지탱해 주었는지 모른다. 여학교에 들어가서도 소학교 교사가 된 후에도 마음이 약해졌을 때, 모든 것이 싫어졌을 때, 이날의 환성을 생각했다. 순진한 소학교 친구들이 손익을 떠나서 나를 지명해 준 그 마음을 생각하면 깊은 위로가 느껴지는 것이었다. 그 후 50년이 지난 지금도 나는 그날의 우정에 말할 수 없는 감사를 느낀다. 나는 무뚝뚝한 여자 아이로 각별히 상냥하거나 친절한 성격도 아니었다. 그런데 왜 그때 모두가 나를 반장으로 원했는지 참으로 신기할 따름이다. 그런 선거 방식은 그 전이나 후에도 없었다.

『풀의 노래』⟨20⟩

무투표로 반장이 된 것은 4년 동안 함께 지냈던 급우들의 신뢰를 얻었기 때문일 것이다. 4년간 담임을 맡았던 와타나베 선생님도 학생들의 결정에 따랐다. 아야코는 5학년 4반 반장이 되었다.

와타나베 미사오

와타나베 미사오 선생님은 다이세이소학교에서 6년 동안 아야코의 담임 교사였다. 와타나베 선생님을 다음과 같이 회상한다.

나는 6년간 배운 제자로서, 또 7년간 소학교 교사를 한 사람으로 와타나베 선생님을 대단히 우수한 선생님이라고 생각한다. 선생님은 정말 진심이었고 교수법도 탁월했다. 산수도 국어도 역사도 매우 잘 이해하도록 가르쳐 주었다. 상냥한 선생님이지만 지성이 있고 히스테릭한 적은 없었다. 난폭한 꾸중은 하지 않았고 느슨하게 수업을 한 적도 없었다. 어딘가에 풋풋함이 남아있어 귀한 선생님께 배웠다고 나는 생각한다.

『풀의 노래』⟨29⟩

이 선생님은 평생을 독신으로 살았다. 제자들은 거의 매년 선생님을 모시고 반창회를 했다. 『총구』에 실명으로 등장시킬 정도로 아야코에게 매우 특별한 선생님이었다.

소학교 졸업

아야코는 1935년 3월 다이세이소학교를 졸업했다. 다음은 졸업식 날의 모습이 적힌 대목이다.

드디어 졸업식 날이 왔다. 실내 운동장에 돗자리가 깔려 있었다. 내빈 인사와 교장의 이야기를 들을 때에 앉기 위한 돗자리였다. 우리 옆에 살던 마에카와 다다시가 졸업한 것은 2년 전이었다. 그때에는 우등생 몇 명인가 이름을 불렀는데 마에카와 다다시의 이름도 그 안에 있었다. 하지만 1년 전부터 그 관례가 바뀐 듯 우리 졸업식 때에는 개근상, 건강 우량아, 졸업 증서를 받는 총대 학생, 답사를 읽는 학생만 이름을 불렀다. 총대는 앞에서도 소개한 것처럼 6학년 3반 요시다 다다오 선생님 반 학생으로 진학을 단념할 수밖에 없는 우수한 여학생이었다. 답사를 읽은 것은 6학년 1반 시바타 선생님 반의 오노데라 아키라였다. 소학생이라고 생각되지 않는 강약이 분명한 낭독이었다. 6년간의 일들을 솜씨 좋게 엮어 넣고 감정을 담은 정말 우등생다운 답사였다.

『풀의 노래』〈29〉

『풀의 노래』는 출생부터 소학교 입학 전까지의 유년 시절과 6년간의 소학교 생활을 알 수 있는 귀중한 기록이다.

1935년경 여학교 입학 전에 와타나베 미사오 선생님(중앙)과 함께(아야코는 맨 앞줄 왼쪽 끝)
ⓒ三浦綾子記念文学館 미우라아야코기념문학관 사용 허락 번호 1-2

돌멩이의 노래

石ころのうた 1935~1946

『돌멩이의 노래』, 가도카와서점, 1974년 4월 출판

『돌멩이의 노래』는 여학교 입학부터 소학교 교사로서 패전을 맞을 때까지의 평범한 소녀의 평범한 이야기다. 소녀 아야코가 점점 군국시대의 색깔로 물들어 결국 패전을 맞고 좌절하는 자신의 이전 모습을 돌아보며 집필했다.

> 문득 내가 길가의 작은 돌멩이처럼 여겨졌다. 아니 그것은 나뿐만이 아니다. 동시대에 살았던 많은 사람들의 모습이다. 돌멩이는 밟히고 차여도 아무도 돌아보지 않는다. 아무리 한마음으로 살려고 해도 결국은 길가의 돌에 불과하다. 나는 내가 차여서 하수구 안에 빠진 작은 돌멩이라고 생각했다.
>
> 돌멩이인 내 청춘은 얼마나 어리석고 경박하고 외곬이었던가. 나는 지금도 돌멩이임에는 변함이 없다. 하지만 다행히 나는 성경을 알았다. 그리고 성경 안의 다음 성구를 알게 되었다.
>
> " … 만일 이 사람들이 침묵하면 돌들이 소리 지르리라 하시니라(눅 19:40)."
>
> 제자의 입을 막으려고 했던 사람들에게 그리스도가 대답한 말씀이다. 그래서 나는 이 책을 썼다. 외칠 정도는 아니더라도 어떤 하찮은 돌멩이 또한 노래하는 존재임을 사람들에게 알리고 싶어서. 그리고 모든 돌멩이를 눌러 부수는 불도저 같은 권력의 비정함을 알리고 싶어서.
>
> 『돌멩이의 노래』〈14〉

어리석고 경박하고 외곬이었던 청춘 시절을 반성하고 자신이 경험한 군국주의 시대의 실상과 참상을 알리기 위해 『돌멩이의 노래』를 집필했다.

여학교 입학

아야코는 1935년 4월에 아사히카와시립 고등여학교에 입학했다. 당시 소학교를 졸업하면 남자는 5년제 중학교, 혹은 상업학교, 여자는 4년제 여학교에 진학했다. 가정 형편 때문에 소학교 6년 졸업 후 사회로 진출하거나 소학교 고등과(2년)에 진학하는 학생도 있었다. 그 무렵 아사히카와에는 시립 고등여학교와 청립(庁立) 고등여학교, 그리고 사립 고등여학교가 있었다. 아야코는 추천으로 시립 고등여학교에 입학해 4년간 다녔다.

동생의 죽음

아야코는 여학교 입학 두 달 후인 6월에 동생의 죽음을 경험한다. 여동생 요코(陽子)는 1935년 5월에 장티푸스로 입원한다.

> 여학교에 들어가 그해 5월 중순경이었을까. 여동생 요코가 장티푸스로 입원했다. 요코는 세 살이 되기 전에 어느새 글씨를 읽고 다섯 살 그 당시에 4학년 수준으로 읽고 쓰고 산수가 가능했다. 그러면서도 순진하고 얌전하여 어머니가 자랑스러워 한 아이였다.
> 장티푸스는 오진이었던 것 길고 한 딜 징도 지나 격리 병원에서 돌아왔을 내는 복막에 물이 찼고 통통하던 볼은 차마 못봐 줄 만큼 초라할 정도로 살이 빠져있었다.
> 하루만 집에 있다가 다음날 요코는 시립 병원에 입원했다. 집을 나설 때 요코는 "나, 또 병원에 가? 병원에 가서 죽는 거 아냐?"라고 했다. 겨우 다섯 살인데 분명히 죽음을 의식했던 것일까. 아주 조용한 목소리였다.
>
> 『돌멩이의 노래』〈1〉

입원 후 한 달 만인 6월에 요코는 만 다섯 살로 생을 마감한다. 장티푸스는 오진이었고 사인은 결핵이었다.

> 이삼일 후에 우리 형제들은 병원에 불려 갔다. 집에서 병원까지 1km 정도의 길을 나는 울면서 달려갔다. 병원에 도착하자 여동생은 자꾸만 춥다고 했다. 6월 24일 그날은 따뜻했다.

나는 남동생이 타고 온 자전거를 타고 탕파(湯婆, ゆたんぽ)[4]를 가지러 갔다. 페달을 밟는 발이 꿈 속에서 처럼 답답할 정도로 느렸다. 탕파를 안겨줘도 요코는 계속해서 춥다고 했다. 나는 남동생과 함께 열심히 요코의 손을 문질렀다. 그런데 요코의 손은 내 손 안에서 점점 차가워져 갔다.

의사가 "임종입니다."라며 시계를 보았다. 어머니가 침대 아래에서 엎드려 울고 앞치마로 얼굴을 감쌌다. 형제들은 모두 소리 높여 울었다. 그중에서도 여동생의 머리 쪽에 서있던 남동생 아키오(昭夫)의 울음소리가 높게 울렸다. 아키오는 요코 바로 위로 소학교 3학년이었다.

아직 소학교에 들어가지 않은 요코가 아키오보다 먼저 아키오가 배우고 있는 독본(読本)을 읽고 산수를 익혔다. 아키오는 나면서부터 허약해 귀뚜라미처럼 말라 있어 모든 면에서 요코에게 상한 열등감을 품고 있었다. 그런 아키오가 심하게 울고 있는 것을 보고 나는 이중으로 가슴이 아파 나 또한 소리 높여 울었다.

요코에 대한 석별의 정은 그 후 오랫동안 내 마음 깊은 곳에 있었고 그것이 나중에 『빙점』의 여주인공에게 요코라는 이름을 붙이게 했다.

나는 하다못해 요코를 잠깐만이라도 보고싶다는 마음에 밤마다 근처의 형무소나 중학교 등이 늘어선 캄캄하고 한적한 곳에 가서 "요코 짱, 나와라."라고 큰 소리로 부르곤 했다.

『돌멩이의 노래』〈1〉

하나 밖에 없던 여동생의 죽음을 사춘기에 경험한 아야코는 큰 충격을 받았다. 이 동생을 그리워해서 『빙점』의 여주인공 이름을 요코[5]로 정했음이 틀림없다.

4　탕파(湯婆)는 금속·고무·도기 등으로 된 용기 속에 뜨거운 물을 넣어서 그 열기로 잠자리나 발 등을 따뜻하게 하는 도구이다.
5　이후 '빙점 붐'을 타고 여자아이의 이름을 '요코'로 짓는 것이 유행이었다.

독서 소녀

아야코는 독서를 좋아했다. 형제들이 북적이는 집안에서도 독서에 집중할 수 있었다. 앙드레 지드의 『좁은문』, 『전원교향악』, 도스토옙스키의 『죄와 벌』 그 외에 『춘희』, 『여자의 일생』, 『쿼바디스』 등을 읽었다.

> 어머니는 몹시 기억력이 좋은 분으로 친척 지인들 수십 명의 생일, 결혼기념일, 기일 등을 자세하고 꼼꼼하게 기억하고 계셨다. 그저 몇 월 며칠이라고 기억하는 것만이 아니라 아무개 결혼식 날은 맑았다든가 어떤 사람이 죽은 날은 눈이 내린 추운 날이었다든가 그때의 날씨까지 기억하고 계셨다. 이 기억력 좋은 어머니가 나의 공부하던 모습은 한 번도 본 적이 없다고 하시니 나는 어지간히 태만한 인간이었음이 틀림없다. 그 대신에 소설을 읽던 모습만은 잘 기억하신다. 언제나 옷장에 기대어 책을 읽고 있었던 것 같다.
>
> 『놀멩이의 노래』〈1〉

용돈 한 푼 받지 않았던 아야코는 책을 살 수 없었고 부모님이 책을 사주시는 가정도 아니었다. 책이 귀했고 형편상 구입이 어려웠기에 주로 마에카와 집과 이케다 집에서 빌려와 읽었다.

당시 상황 (1)

당시 일본의 정세를 알 수 있는 대목이다.

> 내가 여학교 3학년인 1937년은 6월에 제1차 고노에 내각(近衛內閣)이 성립하고 7월에 로코쿄(盧溝橋) 사건으로 중일전쟁이 일어나 난징(南京) 점령이 있었던 해였다.
> 아버지의 형님은 50세가 넘었는데 위생 준위(准尉)로 소집되어 중국 화베이(華北)로 건너갔다. 그 무렵 우리는 수업 시간을 쪼개서 출정병을 전송하러 가든지 위문편지를

쓰기도 했다. 치약, 비누, 편지지, 손수건 등을 넣어 전쟁터의 병사들에게 보낼 위문주 머니를 자주 만들었다.

1932년 상하이 사건[6] 이후 우리는 병사들에게 위문편지 쓰는 것에 익숙해져 있었다. 하지만 일본이라는 나라가 전쟁을 하고 있다고 실감하지 못했다. 오히려 1936년 2·26 사건으로 대신들이 암살된 일이 더 생생했다. 이 2·26사건이 다음 해에 중일전쟁과 어떤 관련이 있는지를 알기에는 우리는 사회적으로 너무 어렸다. 세계를 떨게 한 난징대 학살 조차 종전(終戰)할 때까지 대부분의 일본인이 모르는 일이었고 전쟁은 정말 먼 나라에서 일어나고 있는 사건에 지나지 않았다.

학교에서는 가끔 시국강연회를 개최했다. 하지만 학생들은 대부분 아무도 듣지 않았 다. '천황기관설'[7]의 미노베(美濃部) 박사를 타도하자는 이야기도 있었지만 우리 여학 생은 종이를 접거나 노트에 낙서하거나 했다. 듣고 싶은 이야기를 듣고 싶은 자가 듣 는 것이 아니라 강제적으로 듣게 했다. 정성을 다해 들을 리가 없었다. (중략)

당시 『국체의 본의』[8]라는 책이 국민 교육의 책으로서 폭넓게 읽혔다. 천황이 현저하게 신격화되어 그 천황에게 목숨을 바치는 것을 영광으로 하는 교육이 이뤄지기 시작한 것을 우리는 아무런 저항도 없이 받아들였다.

'문답무용(問答無用)'이 육군의 본연의 태도였고 '문답유용'으로 작문 교사가 검거되는 시대였다.

『돌멩이의 노래』⟨3⟩

---

6 1932년 1~3월에 중국의 상하이공동조계(租界)에서 일어난 중일 양군의 충돌.
7 천황기관설은 법인인 국가가 통치권의 주체가 되고, 천황은 하나의 기관에 지나지 않는다는 헌법학설로, 1920년대에는 도쿄제국대학 교수 미노베 다쓰키치(美濃部達吉) 등의 영향에 의해 학계, 관계, 정계에서 우세해졌다. 『국체의 본의를 읽다』, 히토쓰바시대학한국학연구센터, 어문학사, 165.
8 '국체'는 곧 '천황제'를 말한다. 단지 '천황'이 존재하는 제도가 아니라 그 천황은 '만세일계의 천황'이며 '살아있는 신'으로, 그런 천황이 일본을 세세대대로 통치한다는 사상이다. '일본은 천황의 국가'라는 것을 명백히 하고 그에 따른 철저한 국민정신을 창출하려는 목적으로 편찬된 책이 『국체의 본의國體の本義』다. 1937년 5월에 문부성이 A5판 156쪽의 책자로 30만부를 인쇄해 학교, 사회교회단체, 각 관공서에 배포하여 가르치게 했다. 1943년 11월 말까지 약 173만 부가 발행되었고 1945년 12월 15일 GHQ의 '신도지령'에 의해서 배포가 금지되었다.

당시 교육은 천황을 신격화하고 천황을 위해 목숨을 바치도록 하는 것이 주목적이었다. 이로 인해 아야코는 점점 군국주의에 물들어 가게 되었다.

휴학

아야코는 여학교 시절 휴학한 경험이 있다. 어릴 때부터 류머티즘(rheumatism) 증세가 있어 의사에게 3개월의 휴학진단서를 받았다. 부모님과 교사에게 불필요한 걱정을 끼치지 않으려 정식 절차를 밟아서 진행했다. 휴학중에는 독서에 전념했다.

> 나는 류머티즘에 걸린 것으로 했다. 어릴 적부터 류머티즘 증상이 있었고 겨울이 되면 늘 무릎이 아팠기 때문에 완전한 꾀병은 아니다. 의사에게 다리가 아파서 진단서를 써달라고 부탁하니 아주 간단하게 술술 써주었다. (중략)
>
> 나는 6조 방에 이불을 깔고 베갯머리에 책을 높게 쌓아 놓고 매일 녹서했다.
>
> 톨스토이, 괴테, 스탕달, 졸라, 체호프 등 뭐든지 읽었다. 또 『겨울 집冬の宿』, 『글짓기 교실綴方教室』, 『생활 탐구生活の探求』 등도 읽었다. 그런데 그런 책들로부터 확실한 뭔가를 파악해 낸 것도 아니었다. 그 증거로 나는 인생에 대한 사고 방식도 바뀌지 않고 사회에 대한 눈도 열리지 않았다. 즉 문학가의 이름과 책 제목만 알았을 뿐이었다.
>
> 『돌멩이의 노래』〈3〉

여학교 2학년 때는 '이이 나오스케(井伊直弼)에 대해'라는 아야코의 감상문이 학년에서 1위로 뽑혀 교우회지에 게재되었다. 청소년 시절에도 문학적 소질이 있었음을 알 수 있다.

네모토 요시코

아야코의 소설 『시오카리 고개』에 소학생 주인공이 연모하는 여교사가 등장한다. 이 여교사의 이름을 네모토 요시코(根本芳子)로 했는데 이는 여학교 시절 선생님의 실명을 빌린 것이다.

아야코는 신임 교사가 부임하는 날, 꾸밈 없는 한 여교사에게 첫 눈에 반한다. 여자고등사범학교를 졸업한 네모토 선생님이었다. 아야코는 이 선생님의 담당 수업인 물리 시간을 위해 철저하게 준비하고 적극적으로 수업에 임했다. 네모토 선생님은 눈에 띈 아야코에 대해 다음과 같이 지바일보(千葉日報)에 기고했다.

> 수업을 진행해 가면서 내 시선은 문득 왼쪽 뒤편으로 쏠렸다. 학생 중 한 명이 매우 좋은 자세로 노트 필기는 안 하고 내 한 마디 한 마디를 온몸으로 받아들이며 질문에는 오른 손을 빈찍 드는 소녀의 그 약간 당돌한 느낌마서 주는 상한 개성에 나는 끌렸다.
>
> 『돌멩이의 노래』〈4〉

아야코는 네모토 선생님이 감정의 기복을 보이지 않는 이지적인 교사로 어떤 학생에 대해서도 정말 공평했다고 기억한다. 양말을 헐렁하게 신거나 하는 일은 자주 있었지만 그 지적인 청결감은 손상되지 않았다고 했다. 또 생글 웃을 때의 표정에는 뭐라 말할 수 없는 따뜻한 인간성이 보였다고 기억했다.

어느날 친구들과 함께 방문한 하숙집에서 처음으로 아야코는 선생님과 개인적으로 대화하고 특히 선생님이 문학에 정통하다는 것을 알고 한층 존경하는 마음이 더해졌다.

소학교 교사

여학교 4년 과정을 졸업한 아야코는 다음 달에 소학교 교사로 부임했다. 1939년 4월, 열일곱 살에 홋카이도 소라치군(空知郡) 우타시나이시(歌志内市) 공립 가모이(神威)보통고등소학교 대용 교원으로 부임한다. 이 학교는 산간의 탄광 마을에 있었다. 다음 해에 시험을 치르고 정식 교원이 된다.

> 하지만 4월부터 시작한 학교는 그렇게 평온하지 않았다. 우선 출근 시간이 터무니없이 일렀다. 학교 내외를 청소하기 위해 교사들은 오전 5시가 되면 출근해야 했다. 그러나 열여섯 살 십일 개월의 즉 지금의 고교 2학년 학생과 같은 연령인 나에게는 그것이 각별히 힘들지는 않았다.
> 과연 남을 가르치는 몸이 되려면 아침 일찍부터 학교에 가서 교정을 청소하거나 깨끗하게 해서 자기 단련에 힘써야 한다고 여겨 나는 그 현실을 특별히 기이하거나 고통스럽다고 생각하지 않았다. 당시 교사라는 직업은 성직(聖職)으로 여겨졌다. 그런 성직의식이 나에게 이런 이른 아침의 작업을 당연하게 여기도록 했다.
> 5시에 나와 6시 30분에서 7시까지 각자가 교무실에서 수양의 책을 묵독한다. 이어서 식원 조회가 있다. 교직원에 내려진 칙어(勅語)를 일제히 칭화(唱和)하고 교육가를 부르고 당번 교사가 감화를 말한다. 그것을 교장이 평한다.
>
> 『돌멩이의 노래』〈5〉

이 소학교에서의 경험이 교사로서의 아야코에게 준 영향은 매우 컸다. 여느 교사와 마찬가지로 군국주의 사상이 투철한 교사로 성실하게 지도했다. 수업 시찰 후에 장학사에게 칭찬받을 정도로 열정적인 교사였다.

> 그날 저녁 우리 교사는 우타시나이소학교에 집합하라는 명령을 받았다. 우타시나이 내 학교를 시찰한 장학사의 강연과 강평을 듣기 위해서다. 우타시나이소학교는 가모이에서 기차로 15분 정도의 거리에 있었다. 그래도 우리는 가까운 편으로 신우타 고개(新歌峠)라는 좁은 산길을 넘어서 게다가 몇 km를 걸어야 하는 학교도 있었다.
> 모인 교사들은 총 123명쯤 되었을까. 일동 정렬하고 선 채로 장학사의 이야기를 들었

다. 나는 따분해서 발로 글자를 쓰고 있다.

이야기는 강평으로 옮겨졌다.

"저학년 수업이 일반적으로 열기가 있었어요."라고 장학사가 말했다. 나는 1학년을 담임했는데 장학사가 말하는 저학년과는 상관이 없다고 듣고 있는데 장학사가 계속 말했다.

"특히 가모이소학교의 사토 도시아키 선생님과 홋타 아야코 선생님의 수업은 몹시 열정적이었는데…"

나는 깜짝 놀랐다. 잘못 듣지 않았나 생각했다. 하지만 다시 장학사의 입에서 내 이름이 나왔다.

"홋타 선생님, 그 이야기에 좀더 제스쳐가 들어가면 더 좋겠어요."

장학사는 특히 내 수입을 상세하게 비평해 주었나. 시명해서 칭찬받은 섯은 사토 선생님과 나뿐이었고 게다가 나에게는 상세한 지도까지 해 주셨다.

"한 턱 내세요."

돌아오는 기차 안에서 동료들이 나에게 말했다. 교장과 교감도 만족하며 기뻐하는 표정이었다.

『돌멩이의 노래』〈6〉

아야코는 2년간의 가모이 본교 교직 생활을 마치고 1941년 4월에 가모이 보통고등소학교 몬주(文珠) 분교장으로 전근되었다. 2년간 함께 살았던 가시와바 집 사람들 및 친구들과 헤어져 2km 정도 떨어진 몬주라는 마을로 이사했다. 여기는 미쓰이(三井) 탄광 지대였다.

분교장은 여섯 학급이었다. 1학년이 두 학급, 2학년이 한 학급, 3학년이 두 학급, 4학년이 한 학급이었다. 분교장은 우리 주택과는 정반대로 정말 변변치 못했다. 탄광에서 빌려 받은 한 동 다섯 집의 연립주택(長屋, ながや)을 두 교실로 개조한 것이었다.

그것이 세 동, 도합 여섯 교실이었다. 개조했다고 해도 판잣집인 연립주택의 다다미를 제거하고 창문을 늘리고 칠판과 교단을 두고 책상을 들여놓은 것에 지나지 않았다. 학생들은 구멍투성이의 판자 바닥을 삐걱거리며 돌아다녔고 구멍에 발이 빠지는 아이도 있어 참으로 위험한 교실이었다.

긴 교실에 책상을 4열로 놓을 수가 없었다. 80명의 학생을 3열로 줄지어 놓았다. 그러나 얼마나 즐거운 분교장의 생활이었던가.

수업 시간을 알리는 벨도 종도 없다. 교사들은 각자 손목 시계를 의지해 수업을 진행한다. 흥이 더해지면 40분 수업이 2시간으로 늘어나는 경우도 있었다. 문부성(文部省)의 담당자가 알면 놀랄만한 실태였다. 하지만 이 분교장을 허가한 것은 문부성이다. 어쨌든 국어든 산수든 미술이든 2시간 잇달아 가르치면 아이들의 학력은 쑥쑥 향상되었다. 학생의 체력을 고려하는 것도 아동심리학도 없었던 것이다. 40분 가르치고 10분 쉬도록 정해졌지만 그런 것을 전혀 무시하고 가르쳤기에 배우는 쪽도 힘들었을 것이나. 하시만 모든 아이들이 정말 즐겁게 공부했다.

『돌멩이의 노래』〈7〉

당시 전쟁 물자 확보를 위해 탄광 마을 인부가 증가하여 이 마을 학생 수가 1,000명을 넘었고 늘어나는 학생들을 위해 학교 건물도 증측했다. 아야코는 분교장에서도 열정적이고 즐겁게 아이들을 지도했다.

그렇게 자유로운 분위기 가운데 학생들과 지내는 하루하루가 즐거웠다. 나는 아이들에게 매일 일기를 쓰게 하고 거기에 촌평을 더하기도 했고 또 학생에게 등사 원지를 긁게 해서 그림이나 문장을 쓰게 했다. 지금의 교사라면 그런 것이 이상할테지만 당시 2학년 아이들에게 등사 원지를 긁게 해서 인쇄한다는 것은 상당히 획기적인 일이었던 것 같다.

그러나 그것은 반드시 내 교육적 견지에서 한 것이 아니라 문득 떠오른 생각대로 한 것에 지나지 않는다. 그렇게 문득 떠오른 생각에 따라 나는 선배나 동료에게 칭찬받았지만, 뒤에서 걱정하는 사람도 있었을 것이다. 몇 번이나 말하지만 나는 정말 그리 식견도 갖추지 못한 교사였다. 교사는 이래야만 한다는 것을 하나도 알지 못하고 교단에 섰던 것 같다. 학생을 엄하게 혼내고는 미안하다고 사과하는 교사였다. 학생이 병으로 결석했다고 들으면 놀라서 바로 달려가는 교사였다.

『돌멩이의 노래』〈7〉

물자 구입이 어려운 시기에도 자비로 노트를 구해 모든 학생들에게 선물했다. 매일 관찰한 학생들의 학교 생활을 기록해 가정에 보냈다. '편지 노트'로 짧게나마 구체적인 생활 모습을 학부모들에게 알렸다. 아무것도 생각나지 않으면 다음날 꼭 밑을 길어 학생들을 공평하게 지도했다. 엄했지만 학생들이 따르는 교사였다.

내가 몬주에 있었던 것은 1941년 4월부터 8월까지로 겨우 4개월이었다. 아주 짧은 기간이었지만 이 얼마나 즐거운 4개월이었던가. 할 수 있다면 나는 그대로 탄광 마을에서 평생 살고 싶을 정도로 즐거운 곳이었다. (중략)
거기는 연기로 거무스름해진 산간의 작은 마을에 지나지 않았다. 하지만 거기에는 사랑하는 대상이 있었다. 사랑하는 대상이 있는 곳보다 나은 곳은 없다.
하지만 어머니가 류머티즘으로 몸 상태가 나빠져 딸인 내가 집에 돌아갈 필요가 생긴 것이다. 당시 집에는 몸이 그다지 튼튼하지 않은 언니 유리코가 있었다. 그 외에는 남동생 둘, 오빠, 출정한 둘째 오빠의 아이가 둘 있었다. 둘째 오빠 새언니는 폐결핵으로 입원 중이어서 어머니가 그 손주들을 키우고 있었던 것이다.

『돌멩이의 노래』〈7〉

가정 형편상 집 근처의 학교로 전근을 요청했지만 수용되지 않았다. 그래

게이메이소학교 旭川市立啓明小学校

홋카이도 아사히카와시 미나미2조도오리 22초메
北海道旭川市南2条通22丁目
+81-166-31-4195
asahikawa-hkd.ed.jp/keimei-els/

MAP

서 아야코는 퇴직하고 아사히카와에서 취직 자리를 찾기로 했다. 아야코 아버지 소학교 시절의 은사 다키자와(滝沢)가 게이메이소학교의 교장 요코자와 요시아키(横沢吉秋)를 소개해 주었다.

게이메이(啓明)소학교

아야코는 1941년 9월 1일, 아사히카와시립 게이메이소학교로 전근해 근무를 시작했다. 이 학교는 1929년 아사히(朝日)소학교에서 484명의 학생을 넘겨받아 개교했다. 아사히카와시 동남쪽에 있는 20학급이 넘지 않는 작은 규모였다. 이 학교는 이전 학교와 전혀 다른 분위기였다.

첫 출근하는 날 나는 전 교직원에게 소개되었다. 그 후 한참을 지니도 환영회를 힐 기색이 안 보였다. 이 학교에서는 당시 환영회를 하는 관습같은 것이 없는 것 같았다. 그것은 나만이 아니라 내 뒤에 오는 교사들도 환영회를 하지 않았던 것을 보더라도 이런 것을 중요하게 여기지 않는 학교 같았다. 이것은 나를 놀라게 했다. 가모이에서는 교사 송영(送迎)을 소홀히 하는 일은 없었다. 환영회나 송별회를 하지 않은 교사는 없었다. 또 이 게이메이소학교에서는 오후 3시만 되면 교사들은 도시락통 하나를 안고 냉큼 귀가한다. 이것 또한 나에게는 경이로왔다. 가모이에서는 퇴근 시간이 5시였다. 하지만 5시에 맞춰 귀가하는 교사는 적었다. 교사들은 퇴근 시간이 지나도 열심히 교안을 만들거나 교수법을 연구하거나 교구를 준비하거나 했다. 교무실에는 열기가 가득차 있었고 선배는 후배를 자주 지도했으며 후배는 선배를 존경했다. 목요일은 모두가 농구로 즐거웠고 놀이도 자주 했다.
하지만 게이메이소학교 분위기는 현저하게 달랐다. 내 눈에는 가모이소학교 동료들 정도로 열심인 교사는 한 사람도 없는 것 같았다. 또 남자 교사와 여자 교사가 함께 연구하는 모습도 없고 남자는 남자끼리, 여자는 여자끼리 나뉘어져 몹시 냉담한 분위기의 교무실처럼 느껴졌다.

아야코는 이 학교에서 1946년 3월 말까지 근무하고 자진 사직했다. 세 학교에서 교사로서의 다양한 경험이 소설 『총구』에서 자세한 묘사를 가능케 했다.

청년 E

가모이와 몬주에서 아야코는 E라는 청년을 알게 되었다. 학생 지도 때문에 가끔 만나 대화한 적도 있었다. E는 유바리(夕張)에서 온 광부였다. 주변에서 E를 위험 사상을 가진 청년이라며 조심하는 분위기였다. 몬주를 떠날 때 기차역에서 어정쩡한 이별을 한 지 1년여 만에 E에게서 편지가 왔다. 주소는 가모이가 아니라 유바리의 탄광으로 적혀 있었다.

홋디 이야코 씨

오랜만입니다. 얼마 전 가모이에 당신이 나타났다는 것을 친구에게 전해 들었어요. 건강한 것 같아서 다행입니다.

미드웨이 해전(Battle of Midway)을 듣고 당신은 무엇을 생각했나요? 또 과달카날 전투(Battle of Guadalcanal)를 어떻게 생각합니까? 아마 당신은 아무런 생각없이 살고 있겠지요.

지금 내가 이렇게 펜을 달리는 시간에도 사람들이 전쟁에서 죽어가요. 게다가 쓸데없는 전쟁으로 죽어가요. 그렇게 생각하며 초조함을 느끼는 우리의 분노 같은 것을 당신은 알 리가 없겠죠.

인간은 알아야 할 것을 너무나도 모르죠. 그런 태만에 대한 분노를 나는 당신에게 터뜨리고 싶네요. 그것은 도대체 왜일까요? 왜 당신에게 화를 내고 싶을까요?

그것은 내가 아니라고 하는 것을 당신은 그렇다고 하기 때문이에요. 내가 목숨걸고 아니라고 외치는 것에 당신이 무관심하기 때문이에요.

당신은 나에게 인연 없는 사람이에요. 다른 세상 사람이에요. 이미 그렇게 알고 있으면서 이제 와서 나는 무엇을 쓰고 있는 것일까요?

건강하기를. 조만간 당신도 변변치 않은 남자에게 시집가겠지요.

E

『돌멩이의 노래』〈11〉

전쟁을 반대한다고 외치는 것만으로 체포되던 시기에 이런 사상을 가진 E 청년이었다. 아야코는 이 편지를 연애 편지 정도로 여기고 E의 의중을 간파하지 못했다. 당시 아야코는 일본의 전쟁 동향을 파악할 만한 힘도 없고 관심도 없었다.

"천황 폐하의 백성을 기른다"라는 대의명분을 가지고 군국주의 교육 본연의 자세에 충실했지만 그 천황이 어떤 존재인가 또 전국(戰局)이 어떻게 움직이고 있는가를 알지는 못했다.

당시 상황 (2)

1942년 그 무렵에 일본은 분명 엄청난 사태 속에 있었다. 전년 12월 8일에 미영(美英)에 선전 포고를 한 일본은 순식간에 서남태평양의 자원 지대 대부분을 그 손에 넣었다.

매일매일 라디오에서는 "임시 뉴스를 말씀드리겠습니다, 임시 뉴스를 말씀드리겠습니다!!"라고 외치며 군함 행진의 멜로디와 함께 전과의 대본영 발표가 행해졌다. 길 가던 사람도 라디오 가게 앞에서 걸음을 멈추고, 가정에 있는 자도, 또 직장에 있는 자도 일을 멈추고 귀를 기울였다.

뉴스는 오늘도 이겼다, 내일도 이겼다는 발표로 국민은 '일본은 절대 불패의 나라'라는 신념이 깊어질 뿐이었다.

그것이 6월에는 미드웨이에서 전국이 역전되었다. 그럼에도 그 패전의 기색을 민감하게 알아차린 서민은 적었다. 아마 우리 서민 100명이면 100명 모두 일본이 이길 거라고 믿고 있었다.

"사치는 적이다!"라고 쓰여진 종이가 직장에, 전봇대에 붙고

"탐내지 않아요. 이길 때까지."라는 표어는 소학교 1학년들도 알고 있었다.

유행가는 "아침이다, 아침이다, 아침 해가 떠오른다."라는 식의 국민을 고무시키는 노래가 유행하고 있었다.

애국부인회, 국방부인회 등이 결성되고 출정병 전송하는 데 부인들은 흰 띠를 요즘 의원 후보처럼 어깨에 두르고 걸었고 시국 강연회가 빈번하게 행해졌다.

국민은 라디오나 강연회를 통해 갈수록 세뇌되어 점점 더 일본의 불패를 믿었고 이 전쟁은 거룩한 전쟁이라고 믿어갔다.

아이가 많은 가정은 표창받고 다신을 장려했다. '인적지원'이라는 말이 당당하게 활보했고 사람을 전쟁의 탄환과 같이 이기기 위한 자원으로 여겼다. 이것은 곧 인간도 탄환과 같이 소모품이라는 것이다. 그리고 이거야말로 가장 무서운 것인데 누구도 그 말을 의아해 하지 않았다는 것이다.

의회는 정부가 말하는대로 움직이는 괴뢰 의회에 지나지 않았으며 국민 또한 첫 전쟁의 압도적인 전과에 취해 정부를 대단히 신뢰하고 있었다.

『돌멩이의 노래』〈11〉

1945년 8월 15일

전세는 점점 기울어갔지만 홋카이도는 폭격 피해가 없었다. 1945년 봄이 되자 홋카이도에도 전쟁의 그림자가 드리우기 시작했다. 게이메이소학교에 고사포 중대가 주둔하게 되었다. 교무실, 음악실, 양호실, 이과실 등의 한 동의 절

반을 병영으로 사용했다.

교정에는 군 물자가 산처럼 쌓였고 병사들의 빨래가 펄럭이게 되고 왠지 교내 분위기
는 들뜬 상태가 되었다. 고사포는 1km 정도 떨어진 높은 지대에 설치되었다.

이미 작년부터 도쿄를 시작으로 일본 본토에 폭격이 격렬하게 반복되었다. 특히 1945
년 3월 10일 도쿄, 12일 나고야, 14일 오사카, 17일 고베 대공습은 엄혹하며 격렬했
다. 하지만 홋카이도의 아사히카와나 삿포로는 한 번도 공습을 받은 적이 없었다. 그
런 아사히카와에서 공습에 대비해 고사포 부대와 학교가 동거하게 되어서 갑자기 전
쟁이 가까워졌다. 그래도 일본의 패전을 예측하는 목소리는 아직 내 주위에는 없었다.
4월 28일 무솔리니의 처형, 이어서 4월 30일 히틀러 자살, 5월 8일 독일 무조건 항복
과 일본과 손을 잡았던 나라들의 이런 움직임 가운데 오직 일본민이 이거시 님을 리
가 없었다. 지금 생각하면 이런 너무나도 명백한 패전의 전조 안에 있었는데 어째서
사람들은 패전을 믿지 않았던 것일까.

『돌멩이의 노래』〈13〉

8월이 되자 소련이 북만주와 북조선(북한 지역), 그리고 가라후토(樺太)에 공
격을 개시했다. 8월 6일에 히로시마, 9일에 다시 나가사키에 원자폭탄이 투하되
어 결국 일본은 '패전'을 맞이했다. 15일 정오에 천황의 라디오 방송이 예정되어
있었다.

15일 아침 식사를 하고 있는 내 귀에 "정오에 옥음(玉音) 방송이 있습니다."라는 소리
가 들렸다. 나는 들고 있던 젓가락을 놓고 "천황 폐하의 목소리를 듣는다!"라고 기뻐
하며 "어제 죽은 사람은 불쌍하다. 천황의 목소리를 들을 수 없으니."라고 말한 것을
지금도 기억하고 있다. 여름 방학으로 그날 나는 출근할 필요는 없었다. 하지만 이 중
대한 방송을 나는 직장에서 듣고 싶었다.

정오 전에 나는 학교에 갔다. 나와 같은 생각이었을까. 이미 교장을 비롯해서 몇 명의 동료들이 학교에 모여 있었다. 모두 긴장한 모습이었다.

"어떤 중대 발표일까요?"

"일억 단결해서 싸우라는 말씀이겠지요."

모두는 아마 그럴거라고 말했다.

드디어 그 시각이 되었다. 일동은 라디오가 있는 교무실 앞에 직립 부동의 자세를 갖추었다. (중략)

그것은 몹시 길었던 방송으로 기억한다. 하지만 실제는 10분인가 15분 정도였을지도 모른다. 말을 알아듣지 못한 채로 "국민은 더욱 분려 노력하라."고 방송하고 있다고 생각해 황송해하며 듣고 있었다.

드디어 '옥음'은 사라졌다. 동시에 '잡음'도 다소 적어지고 아나운서의 상기된 목소리가 조금 명료하게 들려왔다.

"국체(国体)는 유지되었습니다. 국체는 유지되었습니다."

그런 말이 귀에 남았다. 어쨌든 이렇게 듣기 어려운 옥음 방송은 끝났다.

당황하면서도 감동한 표정으로 서있던 우리에게 요코자와 교장은 "전쟁이 끝났네요. 일본은 졌습니다."라고 조용히 말했다.

'졌다!?'

나는 귀를 의심했다.

하지만 교장의 비통한 얼굴을 보고 그렇구나 일본은 졌구나 하고 나는 겨우 그 사실을 알았다.

나는 다른 교사들과 함께 실내운동장의 어진(御眞: 당시 천황과 황후의 사진을 이렇게 말했다. 전시 중에 이 사진이 불탔기 때문에 자살한 교장도 몇 명인가 있었다)이 있는 봉안전 앞에 가서 넙죽 엎드렸다.

우리들의 역부족으로 전쟁은 졌다. 그것을 폐하에게 사죄하는 진심이었을 것이다. 그리고 또 폐하와 이 비탄을 함께 한다는 마음도 있었을 것이다.

'천황이 측은하다.'

그렇게 생각한 우리는 그때 실내운동장 바닥에 이마를 비벼대며 울었다.

우리는 몰랐지만 같은 시각 궁성 앞 광장에 엎드려 많은 국민이 같은 마음으로 울고 있었던 것이다.

『돌멩이의 노래』〈13〉

결국 일본은 1945년 8월 15일 태평양전쟁에서 패했고 천황은 인간 선언을 했다. 군국주의 교사 아야코는 라디오 방송과 교장의 설명을 통해 일본의 패전을 알고 봉안전 앞에 엎드려 울었다.

교과서 먹칠 사건

아야코는 열일곱 살에 소학교 교사가 되었다. 일본은 전쟁중으로 한결같이 군국주의에 물들어 있던 시기였다. 전쟁은 성전(聖戰), 천황을 현인신(現人神), 즉 살아있는 신으로 믿고 있었다. 아무리 전쟁이 불리해도 반드시 가미카제(神風)가 불어서 적을 일소할 것으로, 또 "너희들은 나라를 위해 목숨을 바쳐야 하는 거야. 특히 남자는 커서 전쟁에 나가 천황 폐하를 위해 죽어야 해"라고 아야코는 학생들에게 가르쳤다.

나는 교실에 들어가 학생들의 얼굴을 보았다. 학생들은 언제나처럼 경례를 했다.

"벼루를 꺼내세요."

학생들은 미리 준비해 둔 벼루를 꺼냈다. 물을 나눠주고 학생들은 일제히 먹을 갈기 시작했다.

'아이들은 뭘 시킬지 모른다.'

나는 눈물이 흘러넘칠 것 같았다. 먼저 도덕책을 꺼내게 해서 몇 페이지 몇째 줄부터 몇째 줄까지 지우라고 지시했다. 학생들은 순순히 하라는 대로 먹물을 묻혀서 지워갔

1945년 8월 15일, 천황의 항복선언 방송을 듣고 눈물을 흘리는 일본인들
©Public domain

다. 모두가 아무 말이 없다. 왜 이런 것을 시키는지 누구도 묻지 않는다.

도덕책이 끝나고 국어책을 먹물로 칠했다. 교과서는 더럽히면 안 된다, 소중하게 다루어야 한다고 가르쳐 왔다. 그런 교과서를 먹물로 칠하게 했다. 나는 먹물을 칠하고 있는 학생들의 모습을 보면서 일본 교사들 중에서 일찍이 이와 같은 작업을 학생들에게 시킨 사람이 있었을까 하고 생각했다. 어제까지 분명히 가르쳐 왔던 교과서 안에 가르쳐서는 안 될 것이 있었다. 학생들의 눈에 보이게 해서는 안 될 부분이 있었다. 교사에게 이런 굴욕이 있을까.

'지금까지 가르쳐 온 것이 정말 잘못된 것일까?'

'아니면 미군정이 말하는 것이 올바른 것일까? 아니면 양쪽 다 잘못된 것일까?'

나는 7년간 학생들에게 진지하게 전념해 왔음이 틀림없다. 그렇게 진지하게 가르쳐온 것이 잘못되었다고 한다면, 나는 이 7년을 헛되이 지내온 것이다.

아니 헛되기만 하면 괜찮다. 그러나 잘못이라면 나는 학생들에게 뭐라고 사죄해야 할까. 그런 생각이 들면 나는 학생들 앞에서 얼굴을 들고 교사로 서 있는 것이 고통스러웠다.

'뭐가 바른지도 모르고 가르쳐왔다니…'

나는 급속하게 자신을 잃어갔다.

『돌멩이의 노래』〈14〉

아야코는 그동안 신봉하여 지도했던 군국주의 교육의 잘못을 깨달았다. 사랑하는 아이들에게 잘못 가르쳤다는 죄책감에 시달려 1946년 3월에 교사를 사직했다. 사직을 결심한 결정적인 이유는 바로 '교과서 먹칠 사건'[9] 때문이었다.

---

9   교과서 먹칠 사건은 1945년 9월 패전 직후 교사의 지도에 따라 학생들에게 교과서에 있는 군국주의나 국가주의를 찬양하는 문장 혹은 민주적이지 않다고 판단되는 문장을 검게 칠하게 한 일을 말한다.

나는 60여 명의 학생들 각자에게 매일 밤 마음을 담아 편지를 써서 이별의 날에 건넸다. 그것은 애인에게 이별의 편지를 쓰는 듯한 안타까운 심정을 담아 쓴 편지였다.

조회 때에 나는 전교생 앞에서 작별의 말을 고했다. 하지만 이전에 몬주 분교장에서 작별의 말도 하지 못하고 그저 선 채로 울면서 꼼짝 못 한때처럼 싱겁고 가슴 아픈 석별의 정은 없었다.

나는 담담하게 작별 인사를 했다. 슬픔보다도 말하기 어려운 적막감으로 가득 찼다. 몹시 쓸쓸하고 동시에 허무했다. 7년간 젊음의 열정을 쏟고 진지하게 힘을 다해 가르쳐 왔는데 아무런 충실감도 긍지도 없다. 넉살좋게도 잘못된 것을 진지하게 가르쳐 왔다는 창피함이 나를 허무하게 만들었다.

조회를 마치고 교실에 들어가자, 학생들은 남자고 여자고, 모두 소리 내어 울고 있었다. 책상을 두드리면서 우는 남자아이도 있었다. 그런 그들의 모습을 보자 나는 더더욱 결코 다시는 교사가 되지 않을 거라고 마음먹었다.

『돌멩이의 노래』〈14〉

길가의 돌멩이처럼 평범한 소녀로 자란 아야코지만 주변에는 적지 않은 사건이 있었다. 경험과 시대상을 소설 형식으로 묘사했지만 자전 소설인 이상 사실에 입각해서 쓰려고 가명과 이니셜로 적었다고 한다.

『돌멩이의 노래』는 아야코의 소녀 시절뿐만 아니라 당시 일본의 시대 상황을 알 수 있는 귀중한 자료임에 틀림없다.

写真　三浦綾子記念文学館

길은 여기에

道あり き　1946~1959

『길은 여기에』, 슈후노토모샤(주부의벗사), 1969년 1월 출판

아야코는 삶의 목적을 잃어버리고 어떻게 살아야 할지 방황하기 시작했다. 1946년 4월 13일, 니시나카 이치로의 형이 약혼 예물을 가지고 왔다. 바로 그 순간 아야코는 뇌빈혈을 일으켜 바닥에 쓰러졌다. 그때까지 뇌빈혈을 일으킨 적은 한 번도 없었다. 어두운 구렁에 빠져들 듯 깊이 잠들었다. 깨어났을 때 이미 그의 형은 돌아가고 없었다. 6월에 폐결핵 진단을 받아 결핵요양소 백운장(白雲莊)에 입소했다. 이후 척추 카리에스 진단도 받아 13년에 걸친 요양 생활을 보냈다. 『길은 여기에』는 아야코의 청춘 시기에 사랑과 신앙을 고백하는 자기 발견의 기록이다.

이중 약혼

패전의 충격으로 교사를 사신 사식한 아야코는 두 사람과 약혼했다. 니시나카 이치로와 T였다. 두 사람을 비교하면 니시나카가 T보다 미남으로 젊고 체격이 좋았다. 성격도 T보다 친절하고 따뜻했다. 그러나 아야코는 T에게 더 끌렸다. 그것은 그가 폐결핵을 앓고 있었기 때문이다.

1944년 여름 당시 독신 여성들로 여자청년단이 결성되었다. 소학교 교사들이 그 지도원이 되어 비행장 봉사나 단원들 지도를 맡고 있었다. 아야코는 근교에 있는 애국비행장을 가끔 방문했다. 거기서 T를 만났다.

애국비행장은 아사히카와 교외에 있었다. 드넓고 높은 평지 한 면에 오차드(orchard)와 큰조아재비(timothy)의 목초밭이 이어져 그 끝에 도카치(十勝) 연봉이 아름다운 능선을 보이며 병풍처럼 이어져 있었다. 비행장이라고 해도 글라이더 초급과 중급 훈련을 하는 비행장으로 넓은 벌판에는 커다란 격납고 두 동과 숙사 한 동이 세워져 있을 뿐이다.

여기 4명의 교관 중에서 T라는 주임 교관이 있었다. 도치기현(栃木県)에서 와있다는 그 교관은 스물예닐곱이었던 것 같다. 차분한 말투와 조용한 인품으로 잘도 글라이

더의 주임 교관으로 근무하고 있다고 느낄만한 사람이었다.

『돌멩이의 노래』〈12〉

1년 후에 T는 청혼을 위해 아야코 부모님을 찾아갔다. 아버지는 그의 사람됨에 호감을 품어 수락했고 아야코는 T와 약혼했다. 그런데 그 뒤에 나타난 니시나카 이치로와도 약혼했다. 고향으로 돌아가 멀리 떨어져 병들어 있던 T에게도 가끔 편지를 썼다. 이런 이중 약혼은 패전 직후에 아야코가 허무적인 인간이 되었기에 생긴 일이었다.

T는 2년 후에 결핵으로 죽었다. 아야코가 니시나카 이치로와 약혼한 것을 알고 쓸쓸하게 죽어갔다.

재회

요양소에서 요양중이던 아야코를 마에카와 나나시(前川止)가 방문한 것은 1948년 12월 27일이었다. 옆집에 1년간 살다 이사간 후로 18년 만의 재회였다. 마에카와는 독실한 기독교인으로 홋카이도대학 의학부 학생이었다. 그도 폐결핵에 걸려 휴학중이었고 결핵 요양자들의 모임인 '동생회(同生会)'의 간사였다. 아야코도 동생회의 서기를 맡고 있었다.

마에카와는 1920년 6월 30일, 아사히카와에서 출생했다. 그는 다이세이소학교, 아사히카와중학교를 졸업하고 1941년 홋카이도제국대학 의학부 예과에 진학했다. 1942년 흉부 질환으로 일시 휴학하고 자택에서 요양했다. 1946년 흉부 질환이 완치되어 복학했다가 12월에 재발하여 다시 요양 생활에 들어갔다. 아야코도 1946년에 결핵에 걸려 두 사람은 비슷한 시기에 요양하였다.

마에카와는 기독교인 가정에서 태어나고 자란 후 1939년 12월에 삿포로기타이치조교회에서 세례를 받았다. 아야코는 마에카와와의 재회를 통해 삶에 큰 변화를 맞았다. 재회한 후 이삼일이 지나 마에카와는 아야코에게 다음과 같이 엽서를 써서 보냈다.

"요양 중인데 방문해서 미안했어요. 원고 쓰는 일은 잘 못하지만, 동생회의 잡무라도 있으면 도와드리고 싶어요. 건강하시기를 기도합니다. 그럼 다음에."

1948년에 아사히카와 시내와 근교에 있던 결핵 환자 300여 명이 '동생회'를 발족했다. 이 모임의 간사와 서기를 맡고 있던 두 사람이 그 후로 주고받은 엽서와 편지는 1,000통이 넘을 정도였다.

기념문학관 초대 관장 다카노 도시미(高野斗志美)는, 아야코와 마에카와의 재회를 다음과 같이 설명했다.

"어릴 적 친구 마에카와 다다시와의 재회는, 홋타 아야코에 있어서 결국 인생의 방향을 크게 바꾸는 결정적인 사건이 되었다. 그와의 해후는 홋타 아야코의 삶의 방식을 서서히 변화시켜, 절망에서 일어나 마침내 기독교로 향하게 했다."

슌코다이(春光台)공원

마에카와와 재회 후 그의 헌신적인 노력으로 아야코는 허무주의에서 벗어났다. 또 그의 희생적인 사랑으로 기독교 신앙을 갖게 된다. 그렇게 된 결정적 사건의 발생 장소가 바로 슌코다이공원이다.

어느 날 그는 나를 슌코다이 언덕으로 데리고 갔다. 싸리꽃이 많은 그 언덕은 싸리 언덕이라고도 불렀다. 6월도 다 지나 녹음은 뚝뚝 흐르듯 아름답고, 두 사람이 걸어가는 길 앞에 다람쥐가 퍼뜩 굵은 꼬리를 보였다. 뻐꾸기가 멀리서 가까이서 울고 있는 그 언덕은 전에 군대 훈련장이기도 했다. 집 한 채 없는 드넓은 푸른 들 여기저기에 키 큰 졸참나무가 서 있었다. (중략)

슌코다이공원에 세워져 있는 '길은 여기에' 문학비

슌코다이공원 春光台公園

홋카이도 아사히카와시 지카부미 6센
北海道旭川市近文6線

MAP

나는 문득 쓸쓸해졌다.

"아야 짱의 말은 잘 알겠어요. 하지만 그렇다고 아야 짱의 지금 같은 삶의 태도를 나는 좋아하지 않아요. 지금의 아야 짱이 사는 방식은 너무 비참해요. 자기를 좀더 소중히 여기는 삶의 방식을 찾지 않고서는…"

그는 거기까지 말하고 더 이상 말을 잇지 못했다. 그는 울고 있었다. 굵은 눈물이 그의 눈에서 방울방울 떨어졌다. 나는 그것을 빈정대는 눈초리로 바라보며 담배에 불을 붙였다.

"아야 짱 안 돼! 당신 그런 식으로 살다가는 정말 죽고 말아!"

그는 외치듯 말했다. 깊은 한숨이 그의 입에서 새어 나왔다. 그리고 무엇을 생각했는지 곁에 있는 작은 돌멩이를 줍더니 갑자기 자기 발을 내려찍기 시작했다.

나는 깜짝 놀라 그것을 말리려고 하자 그는 내 손을 꽉 붙잡고 말했다.

"아야 짱, 나는 지금까지 아야 짱이 용기를 가지고 살아 주기를 얼마나 간절히 기도해 왔는지 몰라요. 아야 짱을 살리기 위해서라면 내 목숨도 아깝지 않다고 생각했을 정도예요. 하지만 믿음이 약한 나로서는 당신을 구할만한 힘이 없다는 것을 알았어요. 그래서 힘없는 나를 벌주기 위해 나에게 채찍질하고 있는 거예요."

나는 말문이 막혀 멍하니 그를 바라보았다. 어느새 나는 울고 있었다. 참으로 오랜만에 흘리는 인간다운 눈물이었다.

'속는 셈 치고 이 사람이 가는 길로 따라가 볼까?'

나는 그때 나를 향한 그의 사랑이 온몸을 감싸는 것을 느꼈다. 그 사랑은 단순한 남녀 간의 사랑이 아닌 것을 깨달았다. 그가 진정 바라고 있는 것은 내가 굳세게 사는 것이지 내가 그의 여자가 되는 것은 아니었다.

자신을 책망하여 자기 몸을 돌로 치는 그 모습 뒤에서 나는 일찍이 알지 못했던 어떤 빛을 보는 것 같았다. 그의 뒤에 있는 신기한 빛은 무엇일까, 나는 생각했다. 그것은 아마 기독교일지도 모른다고 생각하면서 나를 여자로서가 아닌 인간으로, 인격으로 사랑해 준 이 사람이 믿는 그리스도를 내 나름대로 구도해 보고 싶다고 결심했다.

아사히카와역에서 북쪽으로 10분 정도 자동차로 달리면 슌코다이공원이 나온다. 입구로 들어가 주차하고 잠깐 걸으면 사진의 기념비가 서있다. 이 '길은 여기에' 문학비는 2014년에 건립했는데 『길은 여기에』에서 위와 같은 사건이 벌어진 장소라 추정되는 곳에 세운 것이다.

삿포로 입원

1952년 2월, 척추 카리에스 의심이 커지면서 삿포로의과대학 부속병원에 입원했다. 삿포로에 입원한 아야코를 위해 마에카와가 니시무라 규조에게 엽서를 보냈다. 3월, 마에카와의 엽서를 받은 삿포로기타이치조교회 장로 니시무라가 아야코를 문병한다. 아야코는 5월에 척추 카리에스 진단을 받았다.

니시무라 규조(西村久蔵)

아야코와의 인연은 마에카와가 니시무라 규조에게 삿포로의과대학 부속병원에 입원 중인 아야코의 문병과 신앙 지도를 부탁하여 시작된다. 니시무라는 당시 400~500명 정도 모이는 삿포로기타이치조교회의 장로였고, 몇백 명의 사원을 거느린 제빵회사 사장이며 삿포로역 앞의 제과점과 다방과 식당을 경영했다. 바쁜 스케줄 가운데 금요일과 일요일은 요양소와 병원을 방문해 환자들을 위문하고 병실에서 성경 강연을 했다.

1952년 3월, 니시무라는 아야코를 찾아간 이후 계속 방문하여 위로하고 성경을 가르쳤다. 미리 공부하고 질문도 준비해 적극적으로 참여한 아야코는 니시무라에게 세례를 받겠다는 결심을 전했다. 니시무라는 아야코가 병상 세례를 받을 때 세례 물그릇을 들고 입회했고 기뻐서 감격의 눈물을 흘렸다.

아야코는 니시무라의 사랑과 인격을 소설 『양들의 언덕ひつじが丘』에서 히로

노(広野) 목사로 등장시켜 표현한다. 이 소설의 주인공 나오미의 부모를 통해 니시무라 부부의 일부분을 볼 수 있다고 아야코는 말한다.

병상 세례

아야코는 1952년 7월 5일 삿포로의과대학 부속병원 입원실에서 세례를 받았다. 니시무라의 입회 하에 삿포로기타이치조교회 오노무라 린조(小野村林蔵) 목사의 집례로 거행되었다. 이 교회 신자였던 오치와 야마다, 두 간호사가 참가했고 니시무라는 세례 물그릇을 들고 동참했다. 오노무라 목사는 침대에 누워 있는 아야코에게 로마서 6장 3~11절을 읽어주었다. 그리고 굵은 손에 물을 적셔 아야코의 머리에 얹고 세례를 주었다. "홋타 아야코, 성부와 성자와 성령의 이름으로 세례를 주노라. 아멘." 아야코는 오노무라 목사의 기도에 울었고 니시무라도 기뻐서 감격의 눈물을 흘렸다.

마침내 내가 세례를 받는 7월 5일이 왔다. (중략)

약속 시간인 오후 1시에 니시무라 장로와 함께 들어온 분은 몸이 홀쭉한 오노무라 린조 목사였다. 오노무라 목사는 전시 중에 반전론을 주장하다가 투옥되었던 기골 있는 목사라고 들었다. 그리고 매우 엄한 목사라고도 들었다. 그러나 그때 만난 목사님은 매우 부드럽고 조용한 인상이었다. 이처럼 기골 있는 목사에게 세례를 받는다는 것은 나로서 자랑스럽고 기쁜 일이었다.

마침내 세례식이 시작되었다. 세례를 주기 위한 물이 든 그릇을 니시무라 장로가 들고 계셨다. 함께한 사람은 오치(越智), 야마다(山田) 등 두 간호사뿐인 병상 세례였다. 나는 깁스 침대에 누운 채였다.

『길은 여기에』〈33〉

침대에 고정된 채 자택에서 요양하는 아야코(1955년경)
ⓒ三浦綾子記念文学館 미우라아야코기념문학관 사용 허락 번호 1-4

삿포로기타이치조교회

교회 홈페이지에 소개된 역사를 요약하면 다음과 같다.

1890년 4월 19일에 홋카이도 개척 행정 기지로 형성된 삿포로에 무로란, 하코다테, 이다테의 각 교회에서 이주해 온 신자들 20명이 모여 '일본기독일치교회삿포로강의소(講義所)'를 개설한 것이 시작이다. (중략) 본 교회는 미우라 아야코의 소설에도 자주 등장한다.

교회명은 시대에 따라 1907년 일본기독호쿠신(北辰)교회, 1920년 삿포로일본기독교회를 거쳐 1941년 삿포로기타이치조교회로 개명했다. 현재 건물은 1979년에 건축한 것이다. 본 교회를 모체로 삿포로고토니(琴似)교회, 삿포로소엔(桑園)교회, 삿포로핫시무(発寒)교회, 싯포로시모이시(白石)교회, 심림공원교회가 단생했다.

이 교회는 홋카이도 개척 초창기에 세워진 역사적이며, 400~500명의 신자가 모이는 큰 교회였다. 니시무라가 이 교회의 장로였고 삿포로의과대학 부속병원 병실에서 아야코에게 병상 세례를 집례한 오노무라 린조가 이 교회의 목사였다.

MAP

삿포로기타이치조교회 日本キリスト教会札幌北一条教会

홋카이도 삿포로시 주오구 기타1조 니시13초메 2
北海道札幌市中央区北1条西13丁目2
+81-11-221-4455
http://ss618373-starsnejp.check-star.jp

니시무라의 죽음

1953년 7월 니시무라는 아야코에게 세례 1주년 축하 엽서를 보낸다. 며칠 후인 7월 11일 가네타 류이치(金田隆一)로부터 니시무라가 위독하다는 연락을 받았다. 다음 날 입원실에서 니시무라의 소천 소식을 접한 아야코는 어린 아이처럼 큰 소리로 울었다. 당시 척추 카리에스로 병상에 깁스를 하고 누워 있어 장례식에도 갈 수 없기에 슬픔은 더욱 컸을 것이다.

병실에서 장례식 상황을 전해 들은 아야코는 "조문객이 800여 명이었고 누구 하나 울지 않는 사람이 없었다고 들었다. 니시무라 장로님이 얼마나 사람들에게 존경받는 기독교인이었는가를 새삼스레 생각했다."라고 『길은 여기에』에서 술회하고 있다.

니시무라는 말로만 그리스도를 전하고 말로만 사랑하지 않았다. 그는 그리스도의 사랑을 삶으로 실천했다. 그 사랑은 많은 사람의 가슴 속에 뿌려져 싹이 나고 자라 결신히어 열매 맺었다. 그리고 또 다른 사람들에게 전해지게 하는 사랑의 씨앗이었다. 아야코는 사랑이 넘치는 니시무라로 기억하고 있었다. 니시무라의 생애 중 어느 곳을 잘라도 그 단면에는 사랑이라는 글자가 떠오른다고 했다.

마에카와의 죽음

마에카와가 병상 세례를 받은 아야코를 방문한 것은 1952년 11월이었다. 삿포로의 병원에 찾아와 아야코의 병실에서 9일간 함께 지내며 자기의 수술 이유를 설명했다.

그거야 내 수술이 성공할지 어떨지는 잘 몰라요. 죽느냐 사느냐 하는 수술이지만 그래도 일단 해 보려구요. 언제까지나 병소(病巢)가 있는 폐를 가지고 살 수는 없잖아요. 수술이 성공하면 복학할 수 있고, 그러면 반 년 정도 지나서 졸업할 수 있어요. 아야

짱도 이렇게 깁스 침대에 누워버렸으니 당분간 몇 년은 더 누워있어야 하잖아요. 아야 짱을 위해서라도 나는 빨리 의사가 되어 경제적으로도 지원해 주고 싶어요.

『길은 여기에』〈34〉

12월, 마에카와는 4개의 늑골을 절제하는 첫 번째 흉곽 성형수술을 받았다. 다음 해 1월 두 번째 수술도 성공적으로 마치고 3월에 퇴원하여 아사히카와로 돌아갔다. 두 번의 수술 후 경과가 양호했다.

1953년 7월에 니시무라가 소천한 후에 아야코에게 삿포로가 갑자기 공허한 곳이 되었다. 마침 마에카와가 진찰받으러 삿포로에 왔다. 이전처럼 살도 찌고 건강해 보였다. 아사히카와에서 요양할 것을 상의한 후 귀가를 결심했다. 세례받고 기독교인이 되어 마에카와가 있는 아사히카와로 놀아가는 아야코는 기쁨과 기대로 가득했다.

10월, 깁스 침대 상태로 삿포로의과대학 부속병원을 퇴원해 자택 요양에 들어갔다. 귀가한 다음 날 마에카와가 아야코를 찾아왔다. 한 달여만에 다시 만난 마에카와의 안색이 좋지 않았다. 가끔 혈담이 나온다는 말에 아야코는 걱정이 되었다. 500m 정도 떨어진 거리임에도 자주 오지 못했고 편지도 드문드문 보내왔다.

1953년 11월 16일, 수술 시 절제한 자기 늑골을 가지고 와서 보여주었다. 크리스마스에 다시 오기로 약속하고 살며시 손을 잡고 헤어졌다. 그러나 이것이 마지막이 되어 버렸다.

마에카와는 1954년 1월, 갑자기 각혈을 시작하고 점차 쇠약해졌다. 4월 25일, 아야코의 생일 축하 편지가 도착했다. 어머니에게 종이를 붙잡아 달라고 부탁해서 겨우 써 내려간 마에카와의 이 편지는 결국 마지막 편지가 되었다. 마에카와는 5월 2일 오전 1시 14분, 서른세 살로 소천했다.

5월 3일 오전 10시, 니조(二条)교회에서 다케노우치 아쓰시(竹内厚) 목사의 집례로 장례식이 거행되었다. 아야코는 세례 받은 후 1년 쯤에 니시무라의 갑작스러운 죽음, 그리고 또 10개월 후에 사랑하는 애인 마에카와의 죽음으로 절망적인 시간을 보내게 된다.

니조교회(旭川二条教会)

아야코가 마에카와 미키코를 따라 처음 갔던 교회는 니조교회다. 크리스마스 축하회에 한 번 갔던 교회에 다시 방문하게 된 것은 마에카와와의 재회 때문이다. 마에카와 가족은 이 교회에 출석하고 있었다.

이 교회는 1894년 개척 전도로 시작되어 1910년 독립교회가 되어 '아사히카와일본기독교회'로 명명했고 '아사히카와니조교회'로 불렸다. 전시 중에는 4년간 목회자가 없었고 전쟁 후 1946년에 다케노우치 아쓰시(竹内厚) 목사가 부임했다. 1951년 일본기독교단에서 탈퇴해 일본기독교회에 가입하여 '아사히카와교회'가 되었다.

아사히카와교회 日本キリスト教会旭川教会

홋카이도 아사히카와시 가와바타초 4조 10초메 4-25
北海道旭川市川端町4条10丁目4-25
+81-166-76-5757

미우라 미쓰요(三浦光世)

당시 홋카이도에 기독교인들의 교우지(交友誌)라고 할 수 있는 「무화과いちじく」가 있었다. 이 「무화과」는 전국의 결핵 요양환자, 사형수, 목사 등이 감상문을 기고하고 소식을 주고받는 역할을 했는데 아야코도 그 회원이었다. 1955년 2월경에 아사히카와에 사는 미쓰요의 편지가 「무화과」에 처음 실렸다. 아야코 외에는 없던 아사히카와 시민의 등장은 관심을 끌기에 충분했다. 아야코는 「무

화과」에 실린 글을 보고 미쓰요를 사형수로 착각했다.

「무화과」를 직접 편집하고 등사판을 긁어 제작하던 스가와라 유타카(菅原豊)는 같은 아사히카와에 살고 있는 미쓰요에게 아야코의 문병을 엽서로 부탁했다. 스가와라는 '미쓰요'라는 이름을 여성으로 지레짐작해 아야코의 문병을 부탁했던 것이다.

미쓰요는 3주간 망설이다가 1955년 6월 18일에 아야코의 자택 병실을 방문했다. 아야코의 어머니가 미쓰요에게 건네받은 엽서를 들고 아야코 방에 들어와 미우라 미쓰요 씨가 찾아왔다고 전달했다. 미쓰요를 처음 만난 아야코는 1년 전에 죽은 마에카와와 너무 닮아 깜짝 놀랐다.

이렇게 미쓰요와 아야코의 만남이 시작되었고, 세 번째 문병 때 다음과 같은 일이 빌생했다.

내가 세 번째 문병을 갔던 것은 1955년 8월 24일. 이날 그녀는 나에게 "미안하지만, 나를 위해서 기도해 주시겠어요?"라고 말했다. 그녀에게는 무엇이든 남에게 솔직하게 요청하는 것이 있었다. 나는 바로 그 요청에 응해 소리 내어 기도했다. "전능하신 하나님, 당신의 뜻이라면 그 능력으로 이 홋타 씨의 병을 고쳐주시고 병상에서 일어나게 해 주십시오. 만약 필요하시다면 저의 생명을 거두셔서 이 홋타 씨에게 주신다 해도 좋습니다."

미우라 미쓰요, 『청춘의 상흔』〈사형수를 통해 만난 두 사람〉

아야코는 이 기도에 크게 감동했다. 이후 미쓰요는 한 달에 두세 번 아야코를 방문하고 편지를 주고받다가 교제하게 되었다.

결혼

아야코는 미쓰요와의 만남과 교제 4년여 만에 점점 병세가 호전되고 기적적으로 완치된다. 1959년 1월 25일 약혼식을 하며 성경을 교환했다. 5월 24일, 나카지마 마사아키(中嶋正昭) 목사의 주례로 로쿠조교회당에서 결혼식을 올렸다. 그래서 홋타 아야코는 '미우라 아야코'가 되었다.

좁은 살림집에서 결혼 생활을 시작한 미우라 부부는 서로 정중하게 인사했다. "부족한 사람이지만 잘 부탁합니다.", "저야말로 잘 부탁합니다." 그리고 마음에서 우러나오는 감사의 기도를 하나님께 드렸다.

로쿠조교회당에서 결혼식을 올린 미우라 부부
©三浦綾子記念文学館 미우라아야코기념문학관 사용 허락 번호 1-5

MAP

로쿠조교회 日本キリスト教団旭川六条教会

홋카이도 아사히카와시 6조도오리 10초메 우4
北海道旭川市6条通10丁目右4
+81-166-23-2565
https://asahikawa-rokujyo.org

이
질그릇에도

この土の器をも

『이 질그릇에도』, 슈후노토모샤(주부의벗사), 1970년 12월 출판

결혼 후 아야코는 잡화점을 운영하면서 1963년 아사히신문사 1,000만 엔 소설 현상공모에 응모했다. 다음 해 소설 『빙점』이 731편 중 1등에 당선되어 작가로 데뷔한다. 그 후 1999년까지 작가로서 100여 작품을 집필했고 여러 작품이 드라마, 영화, 연극 등으로 제작되어 전국적인 인기를 얻었다. 『이 질그릇에도』는 미우라 부부의 사랑과 신앙의 고백이다. 결혼이란, 가정이란, 부부란 어떤 것인가를 물으면서 집필한 자전 소설이다.

소운쿄(層雲峽)

결혼 후에 미우라 부부는 바로 신혼여행을 가지 않았다. 13년의 요양 생활을 마친 아야코의 건강 상태로는 무리라고 생각했기 때문이다. 5월에 결혼하고 신혼여행을 떠난 것은 9월이었다.

드디어 기다리고 기다리던 소운쿄에 가는 날이 왔다. 그날은 햇빛이 황금색으로 넘치는 듯한 가을 날씨였다. 병상에서 일어난 지 얼마 되지 않은 나로서는 소위 신혼여행을 갈 수가 없었다. 그런데 이날은 내가, 남편이 출장 중인 소운쿄에 가서 이것을 두 사람의 신혼여행으로 삼으려고 생각한 날이다. 즉 결혼 후 5개월 만의 신혼여행인 셈이다.

『이 질그릇에도』〈7〉

소운쿄에 도착한 미우라 부부는 방에 들어가 먼저 기도했다. 그동안의 하나님 은혜, 양가 부모님과 형제들, 친구와 친지들, 그리고 세상을 떠난 마에카와와 니시무라 장로의 사랑을 새삼스럽게 떠올렸다.

소운쿄는 다이세쓰산의 최대 온천지이며 자연 친화적 온천·숙박 시설이 즐비하다. 아사히카와역에서 자동차로 1시간 30분 정도 소요된다.

미우라상점(1962년 여름)
ⓒ三浦綾子記念文学館 미우라아야코기념문학관 사용 허락 번호 1-6

첫 주택

미우라 부부는 셋집에 살다가 집주인의 사정으로 이사해야 했다. 아야코는 남편 회사에서 주택 자금을 대출해 준다는 것을 알고 남편에게 집을 지어 잡화점을 하고 싶다고 말한다. 집을 짓는 기간에는 로쿠조교회 목사관이 비어 있어 거기서 생활했다(1961년 4월 3일~7월 15일).

미우라 부부의 첫 주택은 이층집으로 1층은 잡화점, 2층은 살림집이었다. 1961년 7월에 입주해서 8월 1일에 잡화점을 열었다. 이것이 '미우라상점'이다. 아야코가 잡화점을 시작한 가장 큰 목적은 한 사람이라도 더 많은 사람을 접하고 자신이 어떻게 절망에서 희망으로 다시 일어섰는지를 전하기 위해서였다. 즉 전도가 목적이었다. 신혼집 앞에 세웠던 게시판을 옮겨와 잡화점 앞에 설치했다.

1963년 1월부터 2층 안방에서 『빙점』을 집필하기 시작했다. 낮에는 잡화점을 운영하고 밤에는 글쓰기를 1년. 12월 31일 『빙점』 원고 소포를 아사히카와우체국에서 도쿄로 발송했다. 이 『빙점』이 다음 해 7월 10일 아사히신문에 1등으로 당선 발표되었다.

3년간 운영했던 미우라상점은 8월 10일 폐점을 결정하고 다음날 폐점 인사를 출입문에 붙였다. 이후 이 집에서 『양들의 언덕』, 『적복 상자』, 『시오카리 고개』, 『재판의 집』, 『속, 빙점』, 『길은 여기에』, 『이 질그릇에도』, 『사랑하는 것 믿는다는 것』, 『빛이 있는 동안에』, 『병들었을 때에도』 등 11권의 초기 대표작이 집필되었으니 미우라문학의 산실이라고 할 수 있다. 초대비서 미야지마 유코(宮嶋裕子)는 이 집에 대해 정확히 기억하고 있다.

『빙점』 입선 때는 집에 욕실이 없었다. 몸이 약한 두 사람이 영하 20도 이하가 되는 아사히카와의 겨울날, 목욕탕에 다니는 것은 보통 일이 아니었다. 입선 후에 잡화점이었던 곳을 화실(和室)로 변경해 객실로 사용했지만, 출판사 분들을 맞아들이기에는 너무 비좁았다. 그래서 작가 생활 7년째에 욕실이 있고 출판사 분들을 맞이할 수 있는 좋은 집을 지었다(작가가 되어 작품이 팔린 지 벌써 7년, 욕실이 없는 집에서 지내고 있는 것도 아주 놀랄만하다).

『이 질병마저도 선물로』, 미우라 아야코, 초대비서 미야지마 유코의 해설에서

1971년 10월, 근처에 두 번째로 새집을 지어 이사했다. 잡화점 건물은 선교단체OMF에 기증되어 페니호프(Fearnehough) 선교사 가족이 입주했다. 이후 영국인 데이빗 헤이만(David Hayman) 선교사 가족이 살게 되었다. 미우라 부부는 밤에 반짝반짝 빛나는 십자가를 올려다보며 감개무량하였다. 처음으로 지었던 그 집이 교회가 될 줄은 꿈에도 생각지 못했기 때문이다. 헤이만 선교사의 선교 활동으로 교우들이 늘어남에 따라 이 건물에서 수용하기 어려워 뒤편의 땅에 새로운 교회당을 건축했다. 이 땅도 미우라 부부가 기증했고 '메구미교회'로 지금도 남아 있다. 이 교회 건물 뒤편이 바로 미우라상점 터이다.

메구미교회

메구미교회는 선교사에 의해 개척되었다. 1968년 10월 15일 국제복음선교단(OMF)의 윌리암 페니호프 부부가 파송되어 동아사히카와 지요타 175번지(현 도요오카 4조 6초메)에서 선교를 시작했다. 11월에 '아사히카와도요오카복음교회'로 첫 예배를 드렸다. 1971년 9월 미우라 부부가 잡화점을 운영했던 고택(『빙점』을 집필한 집)을 기증해 페니호프 부부가 입주했다. 그 후 1973년 3월 데이빗 헤이만 부부가 착임해 입주했다.(1980년 3월까지)

그리고 이전에 살던 집을 'OMF'라는 기독교 선교단체를 위해, 모든 경비를 미우라 부부가 부담하여 헌물했다. 비서로서 법무국에서 수속을 밟았던 나는 그냥 '드립니다'가 아니라 수속도 끝내고, 거기에 모든 경비까지 부담하여 '사용해 주시는' 것에 감사하며 드리는 미우라 부부의 태도에 감동하였다. 그 OMF의 사역은 크게 성장하여

MAP

메구미교회 旭川めぐみキリスト教会

홋카이도 아사히카와시 도요오카 2조 4초메 2-13
北海道旭川市豊岡2条4丁目2-13
+81-166-32-0325

야스이상점의 현재 모습이다.
오래전에 폐업했지만, 아직도 간판 자국이 보인다.

후에 메구미교회가 되었고 인접한 땅에 교회당을 짓게 되었다. 그런데 그 땅도 미우라 부부가 드린 땅이었다는 사실을 아야코가 소천한 후에 교회의 신자에게 들었을 때는 감동이 새로웠다.

미우라 아야코, 『이 질병마저도 선물로』, 초대비서 미야지마 유코의 해설

선교사들의 개척 이후 1980년 4월 첫 일본인 목사로 기시모토 히로시(岸本紘)가 부임했다(~1986년 3월까지). 1981년 9월 20일 '메구미교회'로 이름을 변경했다.

1987년 4월 마사다 신지(正田眞次) 목사가 부임했다.(~1991년 3월까지) 마사다 부부는 잡화점이었던 건물을 목사관으로 사용하면서 미우라 부부와 가깝게 교제했다. 이후 미우라 아야코 독서회 주강사와 운영위원을 역임했다.

1991년 4월 고미도 가즈히로(込堂一博) 목사가 부임해서 아야코와는 소천하기까지 8년, 미쓰요와는 22년간 가깝게 교류했다. 미우라 아야코 독서회 상담역과 세미나 강사로 활동하고 있다.

야스이(安井)상점

미우라상점이 생기고 1년 후에 근처에 같은 잡화점이 오픈했다. 100m 정도 떨어진 곳에 새로 개점한 '야스이상점'은 길모퉁이에 위치했고 버스 정류장 앞이었다.

그 잡화점이 개점할 무렵 남편은 나에게 매입을 줄이라고 했다.

"매입을 줄이면 물품이 적어져요."

"물품이 적어져도 좋아요. 저쪽은 아이들이 많아 가게가 잘 되지 않으면 안 되잖아. 우리 가게는 망해도 가족은 당신 뿐이니까. 내 월급으로 먹고 살 수 있잖아."

내 항의에 남편은 말했다. 나는 말끄러미 남편을 보았다. 정말 착하다.

"손님이 오면, 죄송하지만 그 물품은 없으니 저쪽 가게에 가서 찾아보시라고 말하면

되잖아."

즉 손님을 양보하라는 것이다.

『이 질그릇에도』〈29〉

아야코는 이 일로 신앙의 길은 자기 마음대로 사는 것이 아니라 하나님의 뜻대로 사는 것임을 알게 되었다. 진정한 이웃 사랑의 실천도 경험하게 되었다. 1962년 8월에 개점한 야스이상점은 폐점되었지만 건물은 지금도 남아있다.

「태양은 다시 지지 않고」

아야코가 『빙점』을 응모하기 전인 1961년 『주부의 벗』 '아내가 쓴 실화'에 응모한 적이 있다. 필명 하야시타 리쓰코(林田律子)로 「태양은 다시 지지 않고」라는 제목의 50매 수기였다. 1961년 12월 10일, 입선 통지를 받았고 상금은 20만 엔이있다.

내용은 하나님이 얼마나 아야코의 영혼을 사랑하고 좋은 동역자를 보내고 믿음을 주셨는지 그리고 남편과 자신이 어떻게 결혼하게 되었는지를 쓴 사랑 기록과 신앙 고백이었다. 『주부의 벗』 1962년 신년호에 게재되자 전국의 독자들에게 꽤 많은 편지가 와서 놀랐다.

이 수기가 발표되자 전국 각지에서 편지가 쏟아졌다. 그것은 모두가 사랑으로 상처받고 인생에 상처 입은 사람들의 진실한 편지였다. 나는 그 사람들과 편지를 주고받았고 그중에 마침내 시코쿠의 노구치 쓰네코와 아오모리의 다무라 후사코 씨가 세례를 받았다. (중략)
아무튼 나는 이 수기로 인해 대중이 읽는 잡지에 발표하는 중요성을 절감했다. 기독교인은 밖을 향해 말해야 한다. 나에게 재능은 없지만 다시 이런 기회가 주어지기를 간절히 바랐다.

로쿠조교회에서 도서 판매를 담당하던 아야코는 이 수기 당선으로 가능하면 앞으로도 뭔가를 쓰고 싶다는 생각과 언젠가 서점 판매대에 자기 저서가 꽂혀 있는 상상을 하기도 했다.

『빙점』당선

1963년, 아사히신문사에서 오사카 본사 창간 85주년, 도쿄 본사 창간 75주년 기념 행사로 현상 소설을 모집했다. 1,000만 엔이라는 파격적인 당선 상금도 관심을 끌었고 프로나 아마추어 상관없이 731편의 작품이 응모된 것도 놀라웠다.

1964년 7월 10일 1등으로 당선된 『빙점』의 작가가 잡화점 주부라는 것도 일본을 들썩이게 했다. 『빙점』이 1964년 12월 9일부터 신문에 연재되면서 아야코의 인기는 급상승했다. 1961년 8월 1일에 개점한 미우라상점은 1964년 8월에 폐점하고 아야코는 작가로서의 새로운 인생을 시작했다.

잡화점
훗카이도 아사히카와시 도요오카 2조 4초메 2-4
北海道旭川市豊岡2条4丁目2-4

MAP

『빙점』 당선 후, 잡화점을 폐점하고 수리한 모습

생명이 있는 한

命 ある 限り 1964~1974

『생명이 있는 한』, 가도카와서점, 1996년 4월 출판

평범한 풀로 자라 - 『풀의 노래』, 길가의 돌멩이처럼 살다가 - 『돌멩이의 노래』, 참된 길이 있었음을 발견하고 - 『길은 여기에』, 연약한 질그릇이라도 - 『이 질그릇에도』, 그 길을 따라 생명이 있는 한 - 『생명이 있는 한』 끝까지 사명을 완수한 생애! 아야코의 자전 소설 제목들을 이렇게 해석할 수 있겠다.

아야코가 사명으로 받은 것은 집필 활동이었다. 문필 생활 35년 중에 1964년부터 1974년까지 10년간의 기록이 『생명이 있는 한』[10]이다.

이 해 1976년은 내 심장에 몇 번이나 이상이 있었는데 심장이 움직이는 상태로 봐서는 2개월 만에 꽤 회복되긴 했다. 하지만 캐나다, 미국에 가는 것은 무리였다. 만약 강행했더라면 돌이킬 수 없는 사태가 벌어졌을 것이다.

이런 나에게 쓰지모도 목사의 "쓰는 것이 당신에게 주어신 사명이니까."라는 말은 큰 희망과 힘이 되었다. 이런 너덜너덜한 몸이라도 사명은 주어져 있다. 이 얼마나 영광인가. '좋아, 나는 뒤에 오는 사람들에게 전해야만 할 것을 생명이 있는 한 계속 쓰다가 죽는거야.'라고 결심했다.

『내일을 노래해』〈제2장 심장발작〉

생명이 남아 있는 한 계속해서 글을 쓰기로 결심한 데서 제목을 『생명이 있는 한』으로 정한 듯하다.

당선 수상식

『빙점』 수상식은 1964년 7월 21일 아사히신문 도쿄 본사 강당에서 거행되었다. 미쓰요는 직장 때문에 참가하지 못했고 남동생 히데오와 어머니가 동행

---

10 『생명이 있는 한』은 1995년 1월호부터 12월호까지 열두 번에 걸쳐 가도카와서점의 월간지 「야성시대(野生時代)」에 연재된 것이다. 1996년 4월에 단행본으로 간행되었다.

했다. 동양 제일의 클리닝 회사 백양사(白洋舍)의 창립자 이가라시 겐지(五十嵐健治)와 여학교 시절의 은사 네모토 요시코가 참석했다.

1,000만 엔 상금에서 국세와 지방세로 450만 엔을 지불하고 남은 상금의 십일조는 교회에 헌금했다. 부모님의 빚을 갚는 데 쓰고 나머지는 다른 교회나 지금까지 신세 진 분들을 위해 사용했다. 자신들을 위해서는 전혀 쓰지 않았다.

도쿄에서의 수상식을 시작으로 오사카, 나고야, 후쿠오카, 삿포로에서 강연을 마치고 아사히카와에 돌아온 것은 8월 4일이었다.

『양들의 언덕』

두 번째 작품인 『양들의 언덕(ひつじが丘)』은 1965년 8월호부터 1966년 12월호까지 「주부의 벗」에 연재되었다. 『빙점』 신문 연재와 4개월 병행해서 집필했나. 삿포로를 배경으로 진개되며 『빙점』에서 디루지 못한 용서를 집중적으로 조명하기에 '속, 『빙점』'으로도 불리는 작품이다.

남편 퇴직

남편 미쓰요가 26년간 근무한 영림국(營林局)을 마흔두 살에 자진해서 그만둔 이유가 있다. 『빙점』으로 유명해진 아야코에게 팬레터가 쇄도했는데 답장을 대필하는 사람이 미쓰요였다. '빙점 붐'이 일어나 영화와 드라마도 제작될 정도였고 강연 요청이 늘었다. 아내의 스케줄 관리와 원고 정서는 미쓰요만이 할 수 있었다. 직장에 휴가를 내고 매니저처럼 따라가는 일도 많아 결근하는 일이 미쓰요에게 부담이 되었다. 이에 미쓰요는 퇴직을 결심하고 아내에게 알린다. 결국 1966년 12월 1일, 영림국을 퇴직했다.

구술필기

미우라문학은 남편의 구술필기로 유명하다. 서로 마주 보고 책상에 앉아 아내가 불러 주면 남편이 받아 쓰는 집필 방식이다.

이 구술필기는 1966년 여름 오타루(小樽)에 여행 갔을 때 어깨도 손도 뻐근해서 연필도 쥘 수 없는 상태가 되었다. 그때 문득 남편에게 필기를 부탁해 볼까 하는 생각이 들었다. 설령 잘 안되더라도 이 급한 불은 끌 수 있을지 모른다는 생각에 호텔 방에서 시작한 것이다. 그러자 뜻밖에 나 혼자 쓰는 것보다 원고는 신속하게 진행됐다. 실로 일이 순조로웠다. 남편과 나는 두 살 차이로 배운 한자가 대체로 같다는 점도 다행이었다. 그 구술필기의 제1호는 월간 연재의 「시오카리 고개」였다. 지금 읽어봐도 내가 직접 쓴 글과 구술의 그것을 분간할 수가 없다.

『생명이 있는 한』 〈제4장 남편이 영림국을 퇴직〉

이후 계속된 구술필기는 미우라문학의 대명사로 손꼽히게 되었다. 부부의 환상적인 콤비로 집필 속도는 가속화되었다. 그래서 작가 생활 35년 만에 100여 작품을 저술할 수 있었다. 미쓰요가 필기에 사용했던 만년필은 기념문학관에 전시되어 있다.

『시오카리 고개』

구술로 집필을 완성한 첫 작품은 『시오카리 고개』이다. 실화를 바탕으로 집필한 이 작품은 마치 『길은 여기에』의 소설 버전같다는 생각이 든다. 주인공 나가노 노부오에게서 '마에카와 다다시'와 '미우라 미쓰요'가, 나가노 노부오의 애인 '요시카와 후지코'에게서 아야코가 엿보이기 때문이다. 이는 나가노 마사오의 유언에 따라 편지와 일기 등 대부분의 기록들이 소각되어 아야코 자신의 투병 경험을 토대로 등장인물의 삶을 묘사했기 때문이다. 『시오카리 고개』는 1966

아야코가 말하고 미쓰요가 받아 쓰는 구술필기의 풍경
ⓒ三浦綾子記念文学館 미우라아야코기념문학관 사용 허락 번호 1-7

년 4월호부터 1968년 10월호까지 「신도(信徒)의 벗」에 연재되었다. 이 기간과 겹쳐서 1967년 1월호부터 1968년 12월호까지 『길은 여기에』를 「주부의 벗」에 연재한 것도 연관이 있을 것이다.

비서

나쓰이자카 유코(夏井坂裕子)가 1970년 11월부터 첫 비서로 근무했다. 그녀는 매우 적극적인 성격으로 주문받은 일은 뭐든지 해냈다.

> 그녀는 원래 나와 같은 교회 교우로 신앙심 깊고 밝은 성격의 청년이었다. 본가가 아사히카와였는데 대학 졸업 후 도쿄 유치원에 근무했었다. 그래서 나는 그녀를 후보에 넣지 않고 다른 데서 찾고 있었다.
>
> 그러다가 뜻밖에 도쿄를 떠나 본가로 돌아온 것이다. 학생 시절부터 방학 중에 열흘, 스무날 도와주러 왔고 마음도 잘 알고 있었다. 다른 사람을 찾을 필요가 없었다. 어쨌든 거의 친척과도 같은 나쓰이자카 유코를 비서로 둔 것은 참으로 다행이었다.
>
> 『생명이 있는 한』 〈제9장 비서는 좋은 협력자〉

이 첫 비서는 1년 8개월 근무 후 결혼으로 인해 퇴직했다. 아야코는 나쓰이자카가 5~6년은 일한 것으로 기억했는데 그만큼 많은 일을 했던 것 같다고 했다.

두 번째 비서로 하치야나기 요코(八柳洋子)가 1972년에 부임했다. 하치야나기는 간호사 출신으로 몸이 약한 미우라 부부에게 큰 도움이 되었다. 매우 적극적이고 방문객들의 이름을 잘 기억했으며 자료 정리나 보관 등도 완벽할 정도였다. 6년 정도 근무한 그녀가 남편의 전근으로 1978년 6월 말로 퇴직했다. 구시로(釧路)에 가서도 팬레터 답장을 대필해 주었고 한 달에 한 번은 새 비서를 응원하러 5시간이나 기차를 타고 와 주었다.

세 번째 비서는 하나카 도시코(花香寿子)였다. 1979년 2월 하나카가 임신하여 퇴직할 즈음에 하치야나기가 다시 아사히카와로 돌아와 3월부터 복직하게 되었다.

두 번째 주택

미우라 부부는 10년 만에 두 번째 주택을 마련했다. 첫 주택에서 150m 정도 떨어진 곳에 지은 이 집에 1971년 9월 10일에 입주했다. 1999년 소천할 때까지 30여 년 동안 60편 이상을 집필한 집이다. 이전 고택에 입주해 살았던 선교사 페니호프 부부, 헤이만 부부가 신축한 이 주택 목욕실을 가끔 이용하기도 했다. 미쓰요 소천 이후 폐쇄되어 지금은 들어갈 수 없다. 2층의 침실 겸 집필실은 그대로 이전해 기념문학관 분관에 재현시켜 놓았다.

로쿠조교회

로쿠조교회는 1974년 봄에 교회당 건축을 추진 중이었다. 미우라 부부는 회당 건축 위원으로 가끔 위원회에 참석했다. 애초 총예산은 6,000만 엔이었는데 그 해에 오일쇼크라는 사태가 발생해 9,400만 엔으로 인상되었다. 당시 교회 교우는 150명 정도였지만 예배 출석자는 100명이 되지 않았다.

아야코는 토지를 매매해서 다른 장소로 옮겨 건축하자는 의견을 제시했지만 교우들은 시내 중심부이고 역에서도 가까워 그 장소를 견지하기 원했다. 1973년 아야코의 총수입이 3,700만 엔으로 소득은 2,800만 엔이었다. 여기에서 국세가 1,3000만 엔 정도였다. 3,400만 엔의 건축비가 더 필요한 상황에서 아야코는 거래하던 출판사 각 편집자에게 전화해 인세 가불을 요청했다. 거절당하거나 불쾌한 답변을 들을까 걱정했던 것과 달리 바로 세 출판사에서 흔쾌히 수락해 합계 1,000만 엔을 가불받을 수 있었다. 또 다른 출판사에서도 반가운 답변이 돌아왔다.

MAP

두 번째 주택

홋카이도 아사히카와시 도요오카 2조 4초메 5-1
北海道旭川市豊岡2条4丁目5-1

로쿠조교회에서 예배 드리는 미우라 부부
ⓒ三浦綾子記念文学館 미우라아야코기념문학관 사용 허락 번호 1-8

5월 건축협의회가 열리고 계약이 확정되었다. 8월부터 건축이 시작되고 순조롭게 진행되었다. 미우라 부부는 12월 1일에 지금의 새 예배당에서 첫 예배를 드렸다. 교회 안내 팜플렛에 이렇게 적혀 있다.

미우라 아야코와 로쿠조교회

로쿠조교회는 『빙점』, 『시오카리 고개』, 『길은 여기에』 등 다수의 작품을 저술한 작가 미우라 아야코가 소속했던 교회입니다.

미우라 아야코는 이 교회에서 결혼하고 또 그 인생을 마쳤습니다. 그녀의 문학적 창작력은 로쿠조교회에서의 신앙 생활에서 나왔습니다. 미우라 아야코의 연고 교회로 국내외에서 방문자가 끊이지 않습니다. 미우라문학은 지금도 많은 사람들에게 큰 영향을 끼치고 있습니다.

明日をうたう 1975~1984

내일을 노래해

『내일을 노래해』, 가도카와서점, 1999년 12월 출판

『생명이 있는 한』에 이어 문필 생활에 대한 연재가 계속되었다. 1975년부터 1984년까지의 약 10년간의 집필에 대한 기록이 『내일을 노래해』이다. "그런데 이리 바쁘기 그지없던 해의 섣달 그믐날 밤, 나는 돌연 38도의 열이 난 것이다"를 마지막 문장으로 남기고 1997년 1월 27일에 입원했다. 결국 아야코는 1999년 10월 12일에 소천하여 이 작품은 유작이 되어 미쓰요가 후기를 써서 1999년 12월에 간행되었다. 『생명이 있는 한』의 속편에 해당한다.

추체험

아야코의 작품 중에 전기 소설이 있다. 실제 인물의 생애를 소설 형식으로 집필한 전기이다. 스즈키 신키치의 『반석에 서다(岩に立つ)』, 니시무라 규조의 『사랑의 귀재(愛の鬼才)』, 에노모도 야스로의 『어린 나귀 목사 이야기ちいろば先生物語』, 이가라시 겐지의 『저녁이 되고 아침이 되니夕あり朝あり』, 야지마 가지코의 『나는 비록 약하나われ弱ければ』, 고바야시 다키지의 어머니 세키의 『엄마母』 등이다.

또 소설에 주변 지인들의 경험을 등장인물이 경험한 것처럼 집필한 것들이 있다. 다른 사람의 체험을 등장인물에게 시키는 방식을 활용했다. 『덴포쿠 벌판天北原野』에는 남편의 형, 즉 시아주버니 미우라 겐에쓰(三浦健悦)를 인터뷰해서 등장인물의 행동으로 사용했다.

아야코의 작품 중에 남편의 권유로 집필한 작품이 고바야시 다키지(小林多喜二)의 어머니를 모델로 한 『엄마母』와 『이류 지대泥流地帯』 등이다. 『이류 지대泥流地帯』는 아야코의 시댁 식구들을 모델로 집필한 것이다.

『이류 지대』는 내 작품 중에서 내가 가장 애착을 느끼는 것 중에 하나다. '이류 지대'는 지명이 아니다. 1926년 5월 24일 도카치다케(十勝岳)의 대폭발로 인해 산해일이 산기슭의 농촌을 덮쳤다. 사망자가 144명에 달하는 대참사였다.

홋카이도신문에서 일요판에 소설을 요청받은 것은 분명 연재 개시 1년 전이었을 것이다. 소설을 쓰면서 중요한 것 중의 하나는 무엇을 테마로 할 것인가, 무엇을 제재로 할 것인가이다. 남편은 "도카치다케 폭발의 비참한 사건을 써 보면 어때?"라고 말해 주었다. (중략)

나는 이 소설에, 시아버지 소천 후에 남편 미쓰요가 홀로 맡겨져 자란 농가를 모델로 하고 등장인물을 설정했다. 주인공 고사쿠(耕作)는 남편을 참고했고 주인공의 형은 남편의 형을 떠올렸다. 고사쿠의 아버지는 서른두 살에 벌목 중 쓰러져 나무 아래에서 죽은 것으로 하고 어머니는 미용 기술을 배우러 시내로 나간 것으로 했다. 고사쿠 형제를 키워준 조부모의 성격도 평소 남편에게 들었던 이야기에서 힌트를 얻었다.

『내일을 노래해』〈제1장 고난을 테마로〉

9월, 『이류 지대』 취재를 위해 가미후라노마치(上富良野町), 도카치다케를 직접 방문했다. 현재 『이류 지대』와 『속, 이류 지대』는 영화로 제작중이다.

십대 청소년 대상의 소설 『돌 숲石の森』을 집필하는데 난관에 봉착했다. 미우라 부부에게는 자녀가 없어 당시 십대들의 환경, 가치관, 정조 관념, 말투 등을 알지 못했다. 아야코는 삿포로에 거주하는 언니 유리코가 떠올라 전화를 했다. 형부와 함께 교육 관련 일을 하고 있으며 가진(歌人)[11]으로 교류하고 있던 언니에게 문의했다. 1시간 정도 전화로 원고를 낭독해 주고 몇 가지 고치면 좋을 곳을 제안받았다.

심장 발작

아야코는 호흡 곤란을 일으키기 시작했다. 그래서 심장 상비약 카르니겐(Carnigen)을 늘 휴대하고 다녔다. 1976년 당시 주치의였던 사토 에이이치(佐藤永一)의 진단 결과는 다음과 같다.

11   일본의 정형시 단카(短歌) 쓰는 사람

심전도가 보여주는 것에 따르면 내 심장은 박력이 거의 없고 겨우 움직이고 있다는 것이다. 힘을 다써서 언제 심장이 멈출지 모르는 상태가 아닌가.

나는 오싹했다.

"그렇게 약해져 있나요?"

놀라는 나에게 의사는 말했다.

"아니 사모님, 사모님 심장은 다른 사람보다 강한 겁니다. 다른 사람이 사모님처럼 일했다면 벌써 쓰러졌을 겁니다. 몸과 마음을 안정하여 쉬면 다시 원래대로 돌아올 거예요."

나를 낙담시키지 않으려고 주치의는 부드럽게 위로해 주었다. 우연히 이 병원 3층에 친척이 입원해 있어서 문병하러 들르겠다고 말했다. 그러자 선생님은 손을 크게 흔들며 "천만에요! 3층까지 계단을 오르는 것은 무리예요. 문병 선물은 간호사에게 맡길 테니 사모님은 어서 돌아가 편히 쉬기 바랍니다. 늘 2층에서 주무신다고 들었는데 1층을 침실로 해 주세요. 잘 관리하면 10년, 15년은 충분히 움직일 수 있으니까요."

확신에 찬 목소리였다.

병원에서 돌아와 나는 재빨리 집필실을 2층에서 1층으로 옮겼다. 하지만 검사 결과로 받은 충격은 점점 커졌다. 평소 빨리 피곤하고 피로감을 느끼지 않는 날이 없었기 때문에 조금 피로가 심하다고는 해도 설마 심장이 마지못해 움직일 거라고는 생각지도 못 했다.

『내일을 노래해』〈제2장 심장발작〉

이런 진단 결과로는 비행기는커녕 근거리 여행조차 피해야 했다. 결국 9월에 예정되었던 미국과 캐나다 강연 여행을 중지했다.

해외 취재 (1)

심장발작으로 해외 강연이 취소되었지만 이후 회복되어 다음 해 첫 해외

취재가 성사되었다. 1977년 4월 1일 미우라 부부는 아사히카와공항에서 제트 프로펠러기를 타고 하네다공항으로 이동했다. 『해령海嶺』, 『센노리큐와 그 아내들千利休とその妻たち』 취재 및 강연을 위한 해외 취재와 국내 취재 29일간의 대장정이었다.

4일 하네다공항에서 이륙해 4시간 30분 후 홍콩에 도착했다. 다음 날 마카오로 건너갔다.

마카오에는 소설 『해령』의 주인공인 오토키치(音吉), 이와키치(岩吉), 규키치(久吉) 세 사람의 족적이 많이 남겨져 있다. 세 사람은 이 땅에서 귀츨라프 선교사와 교류가 있었다. 그들은 지타반도 출신의 어부들이었다. 그들이 탄 천석선(千石船)은 앞에 말한 것처럼 아쓰다항(熱田港)에서 에도(江戸)로 향하던 중 풍랑을 만나 표류했다. 1년 2개월이라는 긴 표류였다. 승조원 14명에서 11명이 죽고, 이 세 사람만 살아 남아 정처 없이 떠돌다 북미 플래터리 곶(Cape Flattery)에 정착하였다. 그들 3명은 맥라프린(McLaughlin) 박사에 의해 구출되어 그 후에 이 마카오에서 일본을 향하는 모리슨(Morrison) 호에 승선, 송환될 예정이었다. 그날을 기대하며 세 사람은 이 마카오에서 몇십일인가 기다리고 있었다. 그 일본이 자기들을 대포로 쫓아내는 가혹한 처사를 할 줄은 꿈에도 생각지 못했다.

우리는 세 사람에 대해 호의를 베풀어 준 동인도주식회사에 갔다. 귀츨라프 선교사 무덤을 방문했다. 세 사람의 체류를 도와준 교회에도 갔다. 그 외에 그들이 둘러보았을 곳은 시간을 아끼지 않고 찾아다녔고 우연히 그 지역의 장례식도 볼 수 있었다.

『내일을 노래해』〈제3장 이별〉

마카오에서 3박을 하고 다시 홍콩으로 돌아갔다. 홍콩과 마카오의 취재를 마치고 도쿄로 돌아온 것은 10일이었다. 이어서 나고야, 오즈(大津)를 방문해 『해령』의 취재를 계속했다. 교토에서 『센노리큐와 그 아내들』 취재를 이어갔다. 도쿄의 성서협회에 방문해 오토키치 등 세 사람의 성경 번역에 관한 옛 이야기를 들었다. 아사히카와 자택에 돌아온 것은 29일 오후 4시였다.

1978년 5월 16일, 역사 소설 『해령』의 2차 취재를 위해 출발했다. 이 소설은 지리적으로는 세계 일주에 해당하고, 시대적으로는 덴포(天保)시대[12]이다. 또 내용적으로는 선원들의 생활과 선박 구조와 표류 등 집필하기 매우 어려운 작업을 요했다.

프랑스 파리 외곽의 드골공항에 도착하여 23일간의 여정을 시작했다. 도버 해협(Strait of Dover)을 건너며 당시 선원들의 체험을 떠올려 보았다. 영국 런던에서 특별한 재회가 있었다. 미우라 고택에 살며 선교했던 페니호프 선교사가 휴가로 영국에 와 있었는데 런던까지 와줘서 반갑게 만날 수 있었다.

런던에서 캐나다 밴쿠버로 향했다. 주인공들이 표착한 곳이 퀸 샬럿 제도(Queen Charlotte Islands)가 아니라 미국의 플래터리 곶(Cape Flattery)으로 확인되어 일정을 변경했다. 밴쿠버에서 하와이로 이동해 교회 관계자들의 요청으로 통역을 동반한 강연도 했다. 하와이에서 떠나 오키나와에 들러 취재를 이어갔다. 이 취재 여행을 통해 점점 더 주인공들에게 애착이 생겼다.

모친 소천

1978년은 두 모친이 소천한 슬픈 해였다. 3월 27일, 아야코의 어머니 홋타 기사(キサ)가 향년 86세로 생애를 마감했다. 몸이 좋지 않아 검사를 위해 입원했는데 한 달 만에 소천한 것이다. 10명의 자녀를 낳아 키웠고 아야코의 병상을 13년간이나 지켰던 어머니의 죽음이었다. 미쓰요는 늘 밝고 온유하며 인내심 강한 장모로 기억하고 있었다.

11월 23일, 시어머니 미우라 시게요(シゲヨ)가 향년 79세로 소천했다. 아야코

---

12   에도 시대의 1830년에서 1844년까지를 말한다.

에게 시어머니는 경애할 수 밖에 없고, 히스테릭한 면이 하나 없는 이성적이며 온화하고 신앙심이 깊어 신뢰할 만한 분으로 남아있었다.

스무 살이 되지 않아 시어머니는 시아버지에게 시집왔다. 시아버지는 홋카이도 기타미 다키노우에(北見滝ノ上)에서 개척 농사를 하고 있었다. 그 후 후쿠시마(福島)에서 양가 부모님을 그 개척지에 입식(入植)시키고 얼마 후에 시아버지는 도쿄에 나가 취업했다. 남편과 시누이는 도쿄에서 태어났다. 하지만 시아버지는 몇 년 후에 폐결핵에 걸려 자신이 개척한 토지이며 부모님이 사는 다키노우에로 돌아가 몇 개월 지나지 않아서 돌아가셨다.

시아버지 사후 시어머니는 1년 정도 농사일을 했지만, 미용사가 되겠다고 자녀들을 외가와 본가에 맡기고 삿포로로 나갔다. 시아주버니와 시누이는 조부모 댁, 남편은 외조부 댁에서 자랐다.

『내일을 노래해』〈제1장 고난을 테마로〉

질병 백화점

아야코는 자신을 '질병 백화점, 질병 주머니'라고 불렀다. 청년 시절 폐결핵과 척추 카리에스를 시작으로 심장발작, 진행성 파킨슨병, 혈소판 감소증, 대상포진, 직장암 등 다양한 병을 앓았기 때문이다. 이중에 대상포진은 얼굴이 부어오르고 무엇보다 극심한 통증으로 긴급 입원을 해야 할 정도였다.

대상포진

1980년 5월 3일에 아사히카와의과대학 부속병원에서 대상포진을 진단받았다. 아야코는 얼굴에 이상을 감지하고 병원에 가서 진찰받았지만, 의사는 대상포진이 아니라며 지켜보자고 했다. 이삼일 사이에 통증이 심해져 입원하게 되었다.

> 입원한 그때 눈의 통증은 실로 엄청났다. 나중에 대상포진은 3대 통증 중 하나라고 들었는데 확실히 극심한 통증이었다.
>
> 입원 중 내 마음을 겁먹게 한 것은 실명할지 모른다는 것, 암이 숨어있을지 모른다는 것 그리고 평생 통증이 사라지지 않을지도 모른다는 것이었다. (중략)
>
> 입원은 5월 7일부터 28일까지 22일에 이르렀지만, 중병치고는 회복이 빠른 것 같았다. 입원 중 남편이 매일 대여섯 시간 내 얼굴을 손으로 만져주었다. 남편은 사람의 손바닥에서 나온다는 정전기 작용을 알고 나서 정말 지속해서 그 방법을 실천했다. 그런 남편의 모습을 떠올리면 지금도 마음이 아프다.
>
> 『내일을 노래해』〈제6장 극심한 고통〉

4월은 강행군의 일정이었다. 강연으로 돗토리, 오미하치만, 오사카, 사카이, 아카시를 여행했다. 꼭 여행때문이라고 할 수 없지만 여행을 끝내고 얼마 후에 아야코의 몸 상태는 나빠졌다.

입원으로 『해령』 연재가 3개월 중단되었다가 7월 23일에 재개되었다. 작가 데뷔한 후에 연재를 중단한 것은 처음이었다.

직장암

아야코가 1981년 12월 29일 하혈을 확인하고 병원을 찾은 것은 다음 해 4월 28일이었다. 아사히카와적십자병원에서 직장 검사를 받고 항문에서 5cm에 뭔가가 있고 출혈이 있다는 결과를 듣는다. 5월 17일에 입원해 검사한 결과 소장과 대장에는 이상이 없었다. 21일 수술 날짜가 잡혔고 그 전날 아야코는 유서

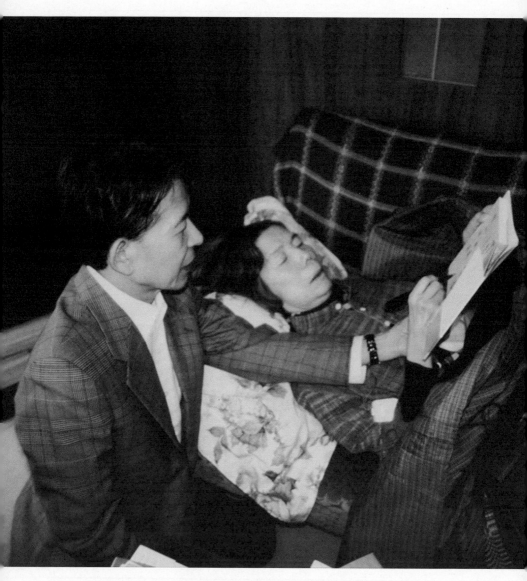

항상 미우라 아야코 곁을 지킨 남편 미쓰요
ⓒ三浦綾子記念文学館 미우라아야코기념문학관 사용 허락 번호 1-9

를 두 통 작성했다.

한 통은 남편에게 다른 한 통은 형제들 앞으로 썼다. 유서라고 해도 구체적인 내용은 거의 언급하지 않고 요약하면 "고마워요."와 "미안해요."라는 말이었다. 인간 생활은 따지면 누구든지 감사와 사죄의 두 마디면 끝나는 것이 아닐까. 그것이 인간이 갖춰야 할 모습이라고 할 수 있다.

『내일을 노래해』〈제8장 죽음을 각오하고 살다〉

직장암 수술을 무사히 마치고 그날 밤은 긴 시간 숙면을 취했다. 무엇보다 다행인 것은 항문이기에 수술이 가능한 것이고 인공 항문을 달지 않아도 된다는 것이었다. 만약 인공 항문을 달게 되면 그 후에 해외 취재 여행은 도저히 불가능하고 업무도 반감했을 것이다.

아야코는 직장암 수술 후 1년 만인 1983년 6월에 국내 여행이 가능할 정도로 회복되었다. 유서까지 작성할 만큼 두려웠던 수술을 마친 후 지인들을 살아서 재회한 것에 감동하여 눈물 흘렸다.

작품집

아사히신문사에서 기획한 『미우라 아야코 작품집』 제1권 〈빙점〉이 1983년 5월에 출간되었다. 『빙점』 입선 후 20년이 되는 해에 작품집이 출간된 것을 감사했다. 이 작품집 전 18권은 1984년 10월에 완결되었다.

해외 취재 (2)

세 번째 해외 취재는 1984년 5월 7일부터 40여일간의 일정이었다. 여행 전에 감기가 걸려 미열이 내리지 않아 취소도 생각했지만 강행했다. 『어린 나귀 목사 이야기』 취재를 위해 미국, 이탈리아, 이스라엘, 그리스 각지를 방문했다.

먼저 로스앤젤레스의 마리나 머시(Marina Mercy) 병원을 찾았다. 에노모토 목사가 남미에서의 강연을 위해 나리타공항을 떠나 비행기 안에서 각혈을 하고 로스엔젤레스에 내려 이 병원에서 소천했기 때문이다. 60여 명의 일본인 기독교인들이 환영회를 개최해 주었고 그곳에서 에노모토 목사에 대한 증언을 들을 수 있었다. 남캘리포니아대학 강당에서 열린 강연회에는 700여 명이 참가했다.

샌프란시스코, 시애틀, 뉴욕을 거쳐 로마에 도착한 것은 5월 23일이었다. 다음날 은혼식을 맞이한 미우라 부부에게 일행은 레스토랑에서 악기 연주를 요청해 축하해 주었다. 로마에서 나폴리, 폼페이를 들러 로마로 다시 돌아가 피렌체를 끝으로 이탈리아 여행을 마쳤다.

그러나 누가 뭐래도 바울과 베드로 등 사도들이 유폐되거나 투옥되었다고 전해지는 유적과 초대 기독교인들이 말 그대로 지하에 잠입해서 예배드렸다는 교회당 자취는 내 마음에 깊은 감동을 주었다. 2000년 전 그리스도의 사도들이 또 신자들이 실제로 고난을 받고 순교한 장소에 서서 나는 깊이 감사했다. 더구나 에노모토 야스로 목사는 십자가의 길을 생각하며 목사로서 사명의 무게를 얼마나 통감했을까 하며 숨 막힐 듯 좁은 지하 감옥 안에 서있었다.

『내일을 노래해』〈제10장 어린 나귀 목사를 따라가는 여행〉

6월 1일, 이스라엘에 도착했다. 텔아비브공항에 도착해 예루살렘, 욥바, 가이사랴, 갈멜산, 나사렛, 가나, 디베랴 등을 방문했다. 한 달 가량의 해외 여행으로 3일 하루는 쉬는 날로 정했다. 갈릴리 호수의 가버나움, 빌립보 가이사랴, 고란 고원 등을 방문하고 미용실에 들르고 주변 풍물 구경도 하며 걸었다. 4일부터 9일까지 여리고, 겟세마네, 사해, 네게브 사막, 아라드, 헤브론, 베들레헴 등 이스라엘 각지를 취재했다.

텔아비브공항을 출발해 그리스 아테네에 도착한 것은 9일이었다. 10일 하루 쉬고 11일은 사도 바울의 선교지 고린도와 에게해를 방문했다. 12일에 아테네를 출발해 13일 나리타공항에 도착했다. 직장암 수술 후 2년이 지나고 41일 간의 대장정이었는데 무사히 마쳤다. 이것이 마지막 해외 여행이 되었지만 국내 여행은 계속 되었다.

국내 여행

가을에는 『어린 나귀 목사 이야기』의 국내 취재와 강연을 위해 여러 곳을 여행했다.

그런데 이 해 남편의 일기는 10월 19일부터 11월 3일까지 완전 백지로 되어있다. 대체 무슨 일이 있었는지 다른 자료를 조사해 보니 10월 20일부디 11월 5일까지 도교, 마쓰모토(松本), 교토, 아와지시마(淡路島) 등에 강연과 『어린 나귀 목사 이야기』를 위해 취재 나간 것을 알았다.

『내일을 노래해』〈제11장 하나님의 은혜 여행〉

교토에서는 에노모토 야스로 목사가 우여곡절 끝에 설립한 세코(世光)교회를 방문했다. 마쓰모토에서 강연을 하고 소학교 시절 친구도 만났다. 이후 11월 30일부터 12월 4일까지 여행을 했다.

마치고 달려갈 길을

1985~1999

미우라 미쓰요 저, 『아야코에게』, 가도카와서점, 2000년 10월 출판
미우라 미쓰요 저, 『아내 미우라 아야코와 산 40년』, 가이류샤, 2002년 5월 출판

『내일을 노래해』의 마지막 문장은 다음과 같다. "그런데 이리 바쁘기 그지 없던 해의 마지막 날 밤, 나는 돌연 38도의 열이 났다." 즉 1996년 12월 31일에 열이 나서 다음 해 1월 27일에 삿포로 가시와바(柏葉)뇌신경외과병원에 입원하게 된 것이다. 그 후 몇 번의 퇴원과 입원을 반복하다 결국 1999년 10월 12일, 아야코는 77세로 소천했다.

미쓰요는『내일을 노래해』이후 15년간의 집필에 관해 소천한 아내를 대신해서 쓰려고 했다. 그런데 가도카와서점에서 남편의 입장에서 결혼 생활 40년을 회고한 내용을 요청했다. 그래서 나온 책이『아야코에게綾子へ』(2000)이다. 2년 후에『아내 미우라 아야코와 산 40년妻三浦綾子と生きた四十年』을 출간했다. 1985년부터 1999년까지의 집필 생활은 미쓰요의 이 두 권을 참고해서 정리했다.

심장 발작과 대상포진과 직장암 수술을 받으며 유서까지 작성해 둔 아야코는 건강해져 1984년에는 국내와 해외 여행도 가능할 정도였다.

국내 취재

1985년부터 3년 동안은 주로 전기 소설을 집필했다. 1985년 5~6월에 에노모토 야스로의『어린 나귀 목사 이야기』취재를 위해 교토, 이마바리, 도쿄를 방문했다. 1986년 6월에『저녁이 되고 아침이 되니』취재차 도쿄 백양사 본사, 조에쓰(上越), 지가사키시 등 이가라시 겐지의 연고지를 방문했다.

1987년 5월에는 강연을 위해 여행했다. 도쿄, 오사카, 아카시, 교토 등 먼 지역도 많았다. 10월에 고바야시 세키의『엄마』취재차 상경해서 고바야시 다키지의 남동생 산고(三吾)를 만나 인터뷰했다. 다음 해 6월에는 고바야시 다키지의 생가가 있는 아키타현 오다테(大館)시를 방문했다. 모든 취재와 여행에는 미쓰요가 동행했다.

1988년 5월에는 시인 호시노 도미히로(星野富弘) 씨를 대담하기 위해 군마현 세타군(勢多郡) 아즈마무라(東村)를 방문했다. 호시노는 중학교 체육 교사로

근무하다 수업 중 잘못해 경추가 꺾여 하반신 마비가 되었다. 그 후 『시오카리 고개』를 읽고 충격을 받고, 『길은 여기에』를 읽고 희망을 가졌고, 성경을 읽고 신앙을 갖게 되었다. 2004년 시오카리 고개를 방문해서 본 들국화를 그리면서 "그 사람처럼 되고 싶어서 그 사람 뒤를 좇아갔더니 그 사람 앞에 그리스도가 있었다."라고 써 넣었다. 두 사람의 대담은 『은색 발자취(銀色のあしあと)』로 출간 되었다.

전집

1991년 7월에 '슈후노토모샤(주부의벗사)' 창업 75주년을 기념해서 『미우라 아야코 전집』을 출간하기 시작했다. 전 20권이 1993년 4월에 완간되었다. 완간 기념 강연회가 열려 5년 만에 상경했는데 이것이 마지막 도쿄 여행이 되었다.

파킨슨병

아무래도 이상하다고 생각한 지인 무라타 가즈코(村田和子)가 신경외과 의사 이토 가즈노리(伊藤和則)를 데리고 미우라 댁을 방문했다. 1992년 1월 말이었다. 의사는 아야코의 손을 잡고 움직이자 딱딱하게 굳어진 듯한 느낌을 받았다. 의사는 파킨슨병이든가 그 증후군이라고 진단 내렸다. 난치병의 하나로 치료 방법과 약도 없으나 진행을 조금이나마 늦추는 약 복용을 권유받았다. 이 약의 부작용으로 아야코는 환각을 보게 된다.

『총구(銃口)』

쇼가쿠칸(小学館)의 편집자 마스기 아키라(眞杉章)가 아야코를 방문했다. 격동의 쇼와(昭和)시대[13]를 배경으로 하나님과 인간의 문제를 다룬 소설 집필을

---

13   1926년 12월 25일부터 1989년 1월 7일까지 쇼와 천황이 재위한 기간.

의뢰했다. 이것은 쇼와 시대의 전쟁을 체험하고 투철한 군국주의 교사였던 아야코가 집필하기에 최적의 테마였다. 『총구』는 〈책의 창〉에 1990년 1월호부터 1993년 8월호까지 37회에 걸쳐 연재되었다. 원고지 1,600매에 달하는 장편 소설이었다. 일본의 전쟁 전으로의 회귀, 언론 말살, 전쟁 시대 돌입 등의 위기의식을 가진 아야코는 군국주의 교사의 '깊은 참회'와 '유언적 경고'를 담아 집필했다.

한일 양국이 한일조약 40년을 기념하여 2005년을 '한일우정의 해'로 정했다. 일제로부터 광복 60주년을 맞는 중요하고 역사적으로 의미있는 해에 『총구』가 한국에서 연극으로 상연되었다. '청년극장'이 「총구 - 교사, 기타모리 류타의 청춘」이라는 제목의 연극으로 한국의 14개 주요 도시에서 상연했다. 미쓰요는 영락교회 초청으로 강연하던 중에 과거 일본의 만행을 사죄하여 300여 명의 청중들이 감동했다.

아야코의 작품 안에는 전쟁에 대한 사죄와 다시는 전쟁이 일어나서는 안 된다는 의지가 강하게 표현되어 있다. 아야코의 이런 정신을 미우라아야코독서회의 대표도 계승하고 있다. 2019년 11월, 미우라 아야코 소천 20주년 기념 서울 집회에서 모리시타 다쓰에 대표는 만약 지금 아야코가 여기에 있다면 아마 이렇게 했을 것이라며 무릎을 꿇고, 이전에 일본이 한국에 범한 죄에 대한 용서를 구했다. 참석자들은 그 모습에 감동해서 눈물을 흘렸으며 용서의 마음이 생겼을 것이다.

1994년 3월 10일에 단행본이 출간되었고 1996년 3월, NHK가 TV 드라마로 방영했다. 9월에 아야코는 이 『총구』로 '제1회 이하라 사이카쿠(井原西鶴)상'을 수상했다.

입원

1997년 1월에 주치의 권유로 삿포로 가시와바뇌신경외과병원에 남편과 함께 입원했다. 3편의 연재를 중지할 수 밖에 없었고 이후 집필 활동은 불가능했다. 지난 해부터 환각과 환상이 심해져 입원하면서 약 복용을 중지했다. 4월 말에 퇴원이 가능할 정도로 회복되었는데 미쓰요의 실수로 큰 사고를 당했다.

> 매일 아침 늘 내가 아내를 화장실의 변좌에 앉혀 이를 닦게 하고 얼굴을 씻게 했는데 그날은 아내를 변좌에 앉히는 것을 잊고 화장실에서 나왔다. 그러자 우당탕 소리가 나서 달려가 보니 아내는 머리에 피를 흘리며 화장실과 병실의 칸막이 위에 쓰러져 있었다. 아내는 스스로 변좌 위에 앉으려고 했으나 엉덩이를 한 번 비틀지 않고 허공에 앉아버려 문 모서리에 머리를 박고 문지방에 갈비뼈를 부딪쳤다.
>
> 이 일로 인해 갈비뼈 한 대가 부러지고 머리에는 세 바늘을 꿰매는 처지가 되었다. (중략) 다행히 갈비뼈는 부러지기도 쉽지만 아물기도 잘해서 순조롭게 회복되었다. 약간 연기된 6월 12일 퇴원해서 아사히카와에 돌아올 수 있었다.
>
> 『아내 미우라 아야코와 산 사십년』〈죽음이라는 사명〉

퇴원하고 한 달 반 뒤에 열이 나서 아사히카와재활(Rehabilitation)병원에 또 한 달 정도 입원했다. 별일 없이 퇴원해서 9월 9일 에베쓰(江別)시에서 '홋카이도 개발 공로상' 수상을 하고 삿포로에서 하루 묵었다. 1998년은 전보다 환각과 환상이 감소했다. 6월에 기념문학관 개관식에도 출석해 감사 인사를 했다.

미우라아야코기념문학관

아사히카와시의 랜드마크로 미우라아야코기념문학관을 꼽을 수 있다. 기념문학관은 『빙점』의 무대인 견본림에 세워졌다. 아야코는 기념관 건립 요청을 단호히 거절하다가 말년에 파킨슨병 투병 생활 중 병세가 악화되자 마음이 바뀌었다. 그녀는 작품을 남겨 놓을 장소를 만들고 싶다는 뜻을 친구인 기우치 아야(木内綾)에게 전했다. 1995년 10월, '기념문학관' 설립실행위원회 발기인회가 개최되었고 아야코는 참석하여 인사를 했다. 12월에 설립실행위원회 발족 총회가 개최되어 전국에서 실행위원, 협력위원으로 3,000명 이상이 등록했다. 실행위원 회에 880여 명이 출석했는데 여기에도 출석하여 인사했다.

3년 동안의 모금 활동을 통해 15,000명이 넘게 참여했다. 아사히카와시, 홋카이도, 아사히신문사, 홋카이도신문사 그리고 아사히카와시 주변 지자체에서도 건설조성금을 지원했다. 1997년 9월에 착공하여 다음 해 6월 13일에 오픈했다.

입구를 들어서면 우측에 안내 데스크가 있다. 입장료를 지불하고 정면을 바라보면 흑백 사진의 미우라 부부가 맞아준다. 1층을 세 전시실로 구분한다.

제1전시실

'미우라 아야코의 배경을 접하다'라는 제목의 전시실. 여기는 아야코의 탄생부터 『빙점』 입선까지의 생애를 소개한다.

제2전시실

'미우라 아야코의 작가 활동을 접하다'를 테마로 한 전시실. 35년에 걸친 집필 활동과 작품을 네 시기로 나누어 소개한다.

제3전시실

이 전시실의 테마는 '미우라 아야코의 말을 접하다'이다. 미우라 부부의 사진 옆에 종이에 써진 아야코의 어록이 걸려 있다.

2층에는 4, 5전시실과 전망대, 도서 코너, 시청각 코너 등이 있다.

미우라아야코기념문학관 三浦綾子記念文学館

홋카이도 아사히카와시 가구라 7조 8초메 2-15(아사히카와역에서 도보 약 20분, 차로 약 3분)
北海道旭川市神楽7条8丁目2-15
+81-166-69-2626
www.hyouten.com

개관일 / 휴관일 ※ 홈페이지 참고 바람
· 7월 1일~8월 31일 : 휴일 없이 매일 개관
· 9월 1일~다음 해 6월 30일 : 월요일 휴관(월요일이 국경일인 경우 화요일 휴관)
· 12월 28일~1월 5일 : 연말 연시 휴관

개관 시간
· 오전 9시~오후 5시(마지막 입장은 오후 4시30분)

입관 요금
· 개인 : 성인 700엔, 대학생 300엔, 고교생 이하는 무료
· 단체 : 10명 이상은 1인당 100엔 할인

MAP

제4전시실

계단이나 엘리베이터를 이용해 2층으로 올라가면 오른쪽에 제4전시실이 있다. 여기는 기획전시실로 매년 2~3회 기획전 등이 개최된다.

제5전시실

미우라문학의 테마인 '빛과 사랑과 생명'의 원천이라 불리는 전시실이다.

본관 오른편에 '분관'이 나란히 서있다. 2018년 9월, 기념문학관 개관 20주년을 기념해 오픈했다. 분관은 미우라 고택의 2층 서재를 그대로 옮겨와 복원시킨 것이다. 책상, 책장, 필기도구, 일용품 등 실제 사용했던 것으로 미우라 부부의 집필 현장을 엿볼 수 있도록 재현했다.

비서의 죽음

하치야나기는 1979년 3월에 비서로 복직했다. 복직하고 1년 정도 지나 하치야나기의 남편 쓰토무(務)가 삿포로로 발령났다. 아야코가 대상포진으로 입원 치료받고 퇴원한 지 얼마되지 않아서다. 미우라 부부에게 하치야나기는 중대한 협력자이기에 그 빈자리를 채울만한 비서 구하기가 쉽지 않았다. 그때 하치야나기 부부는 큰 결단을 내렸다.

쓰토무는 우수한 조율사였기에 자립하려고 하면 얼마든지 가능했다. 그래도 오랜 기간 근무한 회사를 그만둔다는 것은 쉽지 않은 일이다. 그럼에도 불구하고 신중하게 대화를 나누고 퇴직을 결정했다. 쓰토무는 미우라 부부에게 말했다. "삿포로에 가지 않겠습니다. 이대로 아내가 근무할 수 있게 해 주십시오. 제가 회사를 그만두기로 했습니다. 부디 안심하시기 바랍니다."

복직해서 20여 년 근무하던 하치야나기는 1998년 7월, 폐암으로 진단받고 여명 5개월을 선고받았다. 그럼에도 퇴원하고 9월과 10월에도 주 3일 출근을 희망했다. 미우라 부부의 만류에도 불구하고 업무 정리를 해 두었던 것이다.

1997년은 하치야나기 요코 비서가 마지막 크리스마스 모임에 참가했다. 1998년 6월 경부터 가벼운 기침을 시작했는데 폐암에 선암이 발병, 7월에 입원했다. 모든 암요법이 적용되지 않아 한 달쯤 지나 퇴원, 자택 요양에 들어갔다. 그래도 9, 10월에는 주 3회 출근하겠다며 일했는데 12월에 다시 입원해 1999년 3월 1일, 55세로 생을 마감했다. 자주 명 비서로 불렸고 26년 반 동안 딸처럼 일해 주었는데 우리보다 먼저 떠날 줄은 생각지도 못했다.

『아야코에게』〈크리스마스의 추억〉

하치야나기는 문병 온 초대 비서 미야지마(나쓰이자카) 유코에게 미우라 부부를 도와달라고 유언처럼 요청하기도 했다. 55세의 나이로 생을 마감한 하치야나기는 아야코의 비서로 통산 26년을 근무했다.

시오카리고개기념관

새 집을 지어 이사한 후 미우라상점 건물은 선교관과 목사관으로 사용되다가 노후되어 1993년 해체를 결정했다. 집의 해체를 아쉬워하는 목소리가 적지 않았다. 해체식에서 추억을 이야기하며 눈물을 보인 미우라 부부의 모습에 감동된 사람들이 '빙점의 집 보존회'를 결성했다.

수작업으로 해체한 집의 구조재(構造材)와 조작재(造作材) 등을 보존하고 복원할 기회와 장소를 검토하다가 베스트셀러 『시오카리 고개』의 배경 지역을 선정했다. 1997년 7월에 미우라 부부와 왓사무마치(和寒町)가 합의하고 1999년에 100년을 맞는 왓사무마치 기념 사업의 일환으로 시오카리 고개에 기념관으로 복원해 4월 30일에 개관했다. 미우라 부부는 이 개관식에 참가했다.

소천

1999년 2월 1일 밤 10시경부터 가래가 끓기 시작했고 밤 11시 30분을 넘어 구급차로 아사히카와재활병원에 입원했다. 아슬아슬하게 제 시간에 석션(suction)을 해서 위기를 넘겼다. 미쓰요는 병원에서 감기에 걸려 귀가해서 치료했다.

3월 1일, 아야코의 퇴원 예정일에 26년간 비서로 근무한 하치야나기 요코가 향년 55세로 숨을 거두었다. 아야코는 퇴원해 먼저 하치야나기 집에 가서 조문했다. 비서의 시신을 쓰다듬으며 눈물을 흘렸다. 이 일로 아야코는 큰 충격을 받았고 체력이 떨어졌다. 다행히 회복되어 4월 4일 부활주일 예배에 부부가 함께 출석했고 7월 11일, 일요일까지 거의 매주 예배에 빠지지 않았다.

7월 13일부터 열이 나기 시작해 다음날 저녁 구급차로 유코쿠신도(夕刻進藤)병원에 입원했다. 일시적으로 회복하여 8월 9일, 아사히카와재활병원으로 옮겨 치료에 힘썼다. 8월 하순부터 9월에 걸쳐 호전를 보였으나 퇴원을 앞둔 9월 5일에 심폐 기능이 정지했다. 응급처지와 심장마사지를 통해 30분 후에 심장은 움직이기 시작했으나 호흡은 돌아오지 않아 인공 호흡기를 달았다. 의사는 바로 가족들을 불러 이런 상태면 닷새를 넘기기 어렵다고 했다. 그런데 아야코는 38일이나 생명이 연장되었다. "나에게는 아직 죽음이라는 사명이 남아있다."고 했던 아야코는 10월 12일 오후 5시 39분, 아시히카와 재활병원에서 다장기부전으로 소천했다.

미쓰요는 『아야코에게』〈10월 12일의 일〉에서 당일의 상황을 구체적으로 묘사했다.

1999년 10월 12일 오후 5시 39분, 사랑하는 아내 아야코는 숨을 거두었다. (중략)
오후 6시 30분, 1층 응접실에 시신을 눕혔다. 흰 천으로 얼굴이 덮힌 아야코를 슬퍼할

겨를도 없었다. 이웃집으로 다니며 지금까지의 친절에 감사 인사를 했다. (중략)

겨우 저녁 식탁을 대한 것이 10시 30분이었다. 그리고 자정 12시 30분, 시신 옆에 내가 누울 곳을 만들어 누웠다. 주위를 신경쓰지 않고 큰 소리로 울고 싶은 마음을 억누르고 나는 조용히 자려고 했다. 그러나 누운 후에 왠지 양다리의 근육이 땅겨서 얼마 동안 잠을 잘 수 없었다. 생각해 보니 병구완의 하나로 아야코의 다리를 문지르고 주무르는 일이 있었다.

"힘들었지?"

"괴로웠지?"

"근데 잘도 참았네."

"좋은 일 많이 해 주었어."

삼늘지 못한 채 나는 아야코의 얼굴 덮개를 걷고 말을 걸었다.

"자상하지 못했어."

"용서해 줘."

그런 사과의 말도 했다.

『아야코에게』〈10월 12일의 일〉

부부 무덤

미우라 부부의 무덤은 간논레이엔(観音霊苑)에 있다. 이 묘원은 아사히카와 중심부에서 자동차로 15분 거리, 풍부한 자연 속에 위치하고 있다. 자유1구(自由1区) 오른쪽 끝에 있는 무덤이 미우라 부부의 것이다.

아야코는 1999년 10월 12일(77세)에 소천했고 그 유골은 10개월간 집에 보관되었다. 2000년 8월에 이 무덤에 유골을 안장했다. 묘비에는 '미우라 미쓰요 아야코의 묘'라고 적혀 있다. 미쓰요는 아야코가 소천한지 15년 후인 2014년 10월 30일(90세)에 생애를 마쳤다.

간논레이엔 観音霊苑

홋카이도 아사히카와시 가무이초 도미자와 409-4
北海道旭川市神居町富沢409-4
+81-166-61-1312
www.kannon-reien.jp

MAP

묘비 아래에 "하나님은 사랑이시다(神は愛なり)"라는 성경 구절이 적혀 있다. 좌측에는

병든 내 손 잡고서 잠든 남편 잠자는 얼굴도 다정하다 생각해 〈아야코〉
病む吾の手を握りつつ眠る夫眠る顔も優しと思ふ 〈綾子〉

우측에는

옷을 껴입고 나보다 앞서 걸어가는 모습 정말로 사랑해 나의 아내이기에 〈미쓰요〉
着ぶくれて吾が前を行く姿だにしみじみ愛し吾が妻なれば 〈光世〉

라는 부부의 단카(短歌)를 새겨놓았다.

홋타가(家) 무덤

미우라 부부의 무덤이 있는 간논레이엔에 홋타가(家)의 무덤이 먼저 있었다. 아야코의 아버지 데쓰지가 1969년 6월에 소천하고 어머니가 마련한 것이다. 이 무덤에는 아야코의 부모님, 큰 오빠 미치오가 묻혀 있고 비 뒷면에 둘째 오빠 기쿠오, 그리고 여동생 요코의 이름도 적혀 있다.

청년 시절 13년간 병상 생활을 경험했던 아야코는 그 후에도 여러 질환으로 고통스러운 날들을 보냈다. 큰 질병으로 폐렴, 폐결핵, 척추 카리에스, 혈소판 감소증, 대상포진, 직장암, 파킨슨병 등을 앓았다. 그런데도 35년간 작가로서 집필에 전념했다. 그래서 달려갈 길 다 마치고 죽음이라는 중대한 사명을 완수했다.

빙점 氷点

『빙점』, 아사히신문사, 1965년 11월 출판

아야코는 소설 집필할 때, 실제 존재하는 상점, 지명, 건물 등을 등장시켰다. 『빙점』에는 쓰지구치 병원장 저택, 카페 지로루, 견본림, 비에이강, 아사히카와역, 그리고 로쿠조교회로 보이는 곳도 등장한다.

쓰지구치가(家) 모델 주택

소설에서 중심 장소로 등장하는 쓰지구치 병원장 저택은 실제로 존재하는 개인 집인 '후지타 저택'을 모델로 했다. 소설처럼 견본림에 위치하지는 않지만 아사히카와시에 남아 있어 지금도 볼 수 있다. 아야코가 마지막으로 근무했던 게이메이소학교 근처였기에 출퇴근하며 보았을 것이다. 또 이 집에서 개최되는 모임에도 참가했다.

> 아사히카와시 교외 가구라마치의 이 잣나무 숲 바로 옆에 화양(和洋) 절충의 쓰지구치 병원장 저택이 고즈넉하게 서 있었다.
>
> 『빙점』〈적〉

> 쓰지구치가(家)는 이 견본림 입구의 키 큰 스트로브잣나무 숲에 마당이 이어져 있었다. 아름다운 주목 생울타리로 둘러싸서 낮은 대문을 꾸미고, 붉은 양철 지붕의 2층 양옥과 푸른 양철 지붕의 단층으로 이루어진 견고한 집이었다.
>
> 『빙점』〈유괴〉

사진의 건물이 기념문학관의 약간 시내 쪽에 위치한다고 상상하면 된다. 이 집에서 『빙점』의 스토리는 시작되고 펼쳐진다.

쓰지구치가 모델 주택인 된 '후지타 저택'은 1930년에 지어진 목조 2층 건물이다. 당시에 유행했던 일본식과 서양식 절충 양식으로, 서양식 2층 건물과 일본식 단층집으로 구성되어 있다. 아야코는 '빙점'을 집필하기 전, 이 집에서 열린 모임에 참가하여 이 집을 방문했었다. 이후 주인공의 집 모델로 삼았고 소설이 신문에 연재될 때 삽화로도 그려졌다. '아사히카와의 역사적 건물의 보존을 생각하는 모임'이란 시민단체는 이 건물의 역사적 가치를 인정하여 2021년에 '제24회 건축상'을 수여 했다.

쓰지구치가 모델 주택 辻口家

홋카이도 아사히카와시 미야시타도오리 22초메 1974-74
北海道旭川市宮下通22丁目1974-74

MAP

외국수종견본림

쓰지구치가는 외국수종견본림(外国樹種見本林) 입구에 세워진 것으로 설정된
다. 견본림은 1898년에 유럽 적송, 유럽 해송, 스트로브잣나무 묘목을 처음으로
식재한 홋카이도에서 가장 오래된 외국 수종 인공 식재지 중 하나이다. 외국 수
종이 일본의 한냉지에서 자랄 수 있는 지를 관찰하기 위해 조성했다. 현재 18헥
타르 대지에 52종 약 6,000그루의 수목이 자라고 있다. 근처에는 이시카리강(石
狩川) 지류 중 하나인 비에이강(美瑛川)이 흐르며 자연이 풍요로운 숲으로 홋카이
도 다람쥐 등 작은 동물과 들새들이 서식하고 있다.

이 견본림은 『빙점』의 주무대이고 '기념문학관'이 건립되어 많은 독자들이
방문하고 있다.

제방 가는 길

기념문학관과 주차장 사이로 난 숲길이 있다. 키 큰 나무들이 양쪽에 서 있
다. 조금 걷다 보면 제방이 보인다. 요코는 눈 쌓인 견본림 숲길을 지나 제방으
로 걸어갔다.

갓 내린 눈은 생각보다 적었다. 그러나 숲속의 눈은 깊었다. 무릎까지 빠지는 눈 속
을 요코는 한 걸음 한 걸음 걸어갔다. 이따금 소리도 없이 나무 위에서 눈이 뚝 떨어져
흩어졌다. 요코는 걷기 힘들어 눈이 몰아쳐 한쪽만 하얗게 된 잣나무 줄기에 손을 짚
었다.

손도 발도 시렸다. 간신히 스트로브잣나무 숲을 빠져나가자, 제방이 나왔다. 요코는
기어오르듯 제방으로 올라갔다. 제방에 올라 뒤돌아보니 요코의 발자국이 눈 위에
이어져 있었다. 곧게 걸어온 줄 알았는데 흐트러진 발자국이라고, 요코는 다시 돌아
갈 리 없을 길을 돌아보았다.

『빙점』〈죽음〉

제방을 올라가 건너편으로 내려가서 숲길을 걷다 보면 비에이강을 만난다. 거기서 왼쪽으로 조금 가면 『빙점』속 사건의 현장이 나온다. 루리코가 사이시 쓰치오에게 목 졸려 살해된 곳이며, 요코가 자살을 시도한 곳이다.

카페 지로루

카페 지로루(珈琲亭ちろる)는 1939년 창업해 2대에 걸쳐 계속되었다. 도중에 폐점했다가 2011년 9월 1일 건물과 점명(店名)은 그대로, 실내는 리모델링해서 재오픈했다. 『빙점』에 나쓰에와 무라이가 이 카페에서 만났다는 대목이 있다.

> 무라이는 태연했다. 나쓰에의 태도는 '지로루' 다방에서 만났던 때와는 전혀 달랐다. 차가운 깃은 아니지만 멀리 느껴졌다.
>
> 『빙점』〈눈벌레〉

카페 홈페이지에도 아야코의 소설 『빙점』에 등장하는 카페라고 소개한다. 『빙점』에서 딱 한 번 등장하는 이 카페를 지금도 찾아가는 독자들이 있다. 아야코는 여학교 시절 이 카페에 방문한 적이 있었다.

> 이런 날들을 반복하고 3개월 가까이 되던 12월, 어머니의 여동생이 결혼하게 되었다. 나를 예뻐해 준 이 이모는 머리도 좋고 명랑한 성격이었다. 이 이모의 송별회로 언니와 이모와 나는 지로루라는 다방에 들어갔다.
>
> 들어가자마자 나는 멈춰 섰다. 지로루에는 아라이 선생님과 야지마라는 이과 교사가 있었다. 다방 출입은 부형 동반이면 가능했다. 이모와 언니가 함께 있다고 해도 나는 휴학 중인 학생이다. 학교는 쉬고 있지만 다방에는 드나들고 있는 것이 되지 않은가.
>
> 『돌멩이의 노래』〈3〉

류머티즘으로 3개월간 휴학 중에 이모와 언니를 따라 들어가서 선생님들을 만난 것이다.

카페 지로루는 아사히카와역에서 걸어갈 수 있는 거리에 있다. 영업시간은 오전 8시 30분부터 오후 6시까지로 매주 일요일에 휴업한다.

카페 지로루 珈琲亭ちろる

홋카이도 아사히카와시 3조도오리 8초메 좌7
北海道旭川市3条通8丁目左7
+81-166-26-7788
http://cafe-tirol.com

MAP

소설 『빙점』의 영화, 드라마

일본 영화

년	개봉	제작사	시간	감독	각본	출연
1966	3.26	다이에이	107	야마모토 사쓰오	미즈키 요코	와카오 아야코, 오쿠스 미치요, 야마모토 게이, 후나코시 에이지

일본 TV드라마

년	방영시간/횟수	제작 회사	요코 역	나쓰에 역
1966년	60분×13회	NET=HTB	나이토 요코	아라타마 미치요
1971년	30분×50회	TBS=HBC	니시야마 게이코	고야마 아키코
1971년	60분×13회	NET=HTB	시마다 요코	미나미다 요코
1981년	15분×65회	TBS=HBC	다카하라 요코	노기와 요코
1981년	골든 드라마	일본TV=STV	곤노 미사코	미타 요시코
1989년	이틀밤 연속	TV아사히=HTB	마리 요코	이시다 아유미
2001년	60분×10회	TV아사히=HTB	스에나가 하루	아사노 유코
2006년	이틀밤 연속	TV아사히=HTB	이시하라 사토미	이지마 나오코

한국 영화

년	개봉	제작사	시간	감독	각본	출연
1967	6.15	동남아영화공사	105	김수용	김지헌	김진규, 김지미, 남정임, 한성, 윤양하
1981	4.18	남아진흥(주)	135	고영남	윤삼육	남궁원, 김영애, 원미경, 이영하, 정한용

한국 TV 드라마

년	기간	시간	수	방송	연출	극본	출연
1990	1.3~2.22	수목 밤 9:50~	16	KBS 2TV	김종식	이금림	임동진, 김영애, 정동환, 전무송, 손창민, 이미연, 선우재덕, 임예진
2004	10.4~1.8	월~토 밤 9:00~	82	MBC	강병문	김순옥	최수지, 선우재덕, 유태웅, 김현정

일본 영화 〈빙점〉 DVD
출처:https://www.amazon.co.jp/氷点-DVD-若尾文子/dp/B0093T4DYI?SubscriptionId=AKIAJGXNBB5I75E6I4EA&tag=eigacom-
movie-22&linkCode=xm2&camp=2025&creative=165953&creativeASIN=B0093T4DYI

塩狩峠
시오카리 고개

『시오카리 고개』, 신초샤, 1968년 9월 출판

아사히카와시에서 동북쪽으로 40여 분을 달리면 시오카리 고개에 도착한다. 아사히카와역에서 전철을 타고 시오카리역에 내려서 갈 수도 있다. 여기는 아야코의 소설 『시오카리 고개』에 등장하는 실제 사고 현장이다.

기차는 커다란 커브를 돌았다. 거의 직각처럼 느껴지는 커브였다. 그런 커브가 여기까지 벌써 몇 번이나 있었다.

"고맙습니다. 도련님, 도라오가 얼마나…"

로쿠 씨가 이렇게 말을 걸 때였다. 순간 객차가 덜컥 멈춘 것 같았다. 그런데 다음 순간, 객차는 이상하고 불안하게 천천히 뒷걸음치기 시작했다. 몸에 전해지던 기관차의 진동이 뚝 끊어졌다. 그러는 사이에 객차는 가속도가 붙어 속도를 더했다. 지금까지 후방으로 흘러갔던 창문 풍경이 쭉쭉 거꾸로 흘러간다.

어쩐지 섬뜩한 침묵이 차내를 뒤덮었다. 하지만 그것은 단 몇초였다.

"앗, 객차가 떨어졌다!"

누군가가 외쳤다. 쏴하고 기차 안에 공포가 밀려왔다.

"큰일이다! 전복된다!"

그 목소리가 골짜기 밑바닥에라도 떨어지는 듯한 공포를 자아냈다. 모두 일어나서 의자에 매달렸다. 소리도 없고 공포에 일그러진 얼굴만 있을 뿐이었다.

"나무아미타불, 나무아미타불…"

로쿠 씨가 눈을 꼭 감고 염불을 외웠다. 노부오는 사태의 중대함을 알고 즉시 기도했다. 무슨 일이 있어도 승객을 구출하지 않으면 안 된다. 어떻게 해야 할까? 노부오는 숨막히는 마음으로 기도했다. 그때 승강구 발판에 핸드 브레이크가 있다는 것이 떠올랐다. 노부오는 재빨리 일어났다.

"여러분, 진정하세요. 객차는 바로 멈춥니다."

단상에서 단련된 목소리가 차내에 늠름하게 울렸다.

"미호리 군, 손님들 부탁하네."

놀라서 눈만 이상하게 빛나던 승객들은 일시에 노부오 쪽을 보았다.

하지만 벌써 노부오는 문밖에 있었다.

노부오는 덤비듯이 발판의 핸드 브레이크에 손을 대었다. 노부오는 얼음처럼 차가운 핸드 브레이크의 핸들을 힘껏 돌리기 시작했다.

핸드 브레이크는 당시 객차의 승강구 발판마다 붙어있었다. 승강구 발판에 수직으로 서있는 자동차의 핸들처럼 생긴 것이었다.

노부오는 한시라도 빨리 객차를 멈추려고 필사적이었다. 양쪽에 달려드는 나무들이 날아가듯 지나가는 것도 노부오의 눈에는 들어오지 않았다.

점점 속도가 누그러졌다. 노부오는 더욱 온몸에 힘을 실어 핸들을 돌렸다. 불과 1분도 지나지 않은 그 작업이 노부오에게는 엄청나게 긴 시간처럼 느껴졌다. 이마에서 땀이 흘러내렸다. 제법 속도가 누그러졌다.

노부오는 '후유'하고 크게 한숨을 쉬었다. 이제 조금만 더 하면 될 것 같았다. 하지만 어찌 된 일인지 브레이크가 그 이상은 돌아가지 않았다. 노부오는 초조해지기 시작했다. 노부오는 사무직이었다. 핸드 브레이크 조작을 자세히 모른다. 조작의 실수일까, 브레이크의 고장일까, 노부오에게는 판단이 서지 않았다. 어쨌든 객차를 완전히 정지시키지 않으면 안 된다. 방금 본 여자아이들의 겁먹은 표정이 노부오의 마음속에 스쳤다. 이대로라면 다시 폭주할 것이 틀림없다. 그렇게 생각했을 때, 노부오는 전방 약 50m에 급경사인 커브를 보았다.

노부오는 혼신의 힘을 다해 핸들을 돌렸다. 하지만 아무리 해도 그 이상 객차의 속도가 떨어지지 않았다. 순식간에 커브가 노부오에게 다가온다. 다시 폭주하면 전복은 불가피하다. 잇달아 급경사가 몇 번이나 기다리고 있다. 다만 지금의 이 속도라면 자기 몸으로 이 차량을 멈출 수 있다고 노부오는 순간적으로 판단했다. 순간 후지코, 기쿠, 마치코의 얼굴이 크게 떠올랐다. 그것을 뿌리치듯이 노부오는 눈을 감았다. 그리고 그다음 노부오는 핸드 브레이크에서 손을 떼고 선로 위로 자기 몸을 던졌다. 객차는 섬뜩하게 삐걱거리며 노부오 위에 올라탔고 마침내 완전히 정지했다.

기념관을 등지고 왼쪽이 나요로(名寄) 방면, 오른쪽이 아사히카와 방면이다. 나요로역에서 출발한 기차는 시오카리 고개를 오르다가 기념관 왼쪽 1km 지점에서 후방 객차가 이탈해 고개 아래로 역주행한다. 나가노 노부오는 객차 외부에 있는 브레이크를 돌려 멈추려 했지만 정지하지 않았다. 승객을 구하기 위해 자신의 몸을 던지기로 결단한 그는 선로에 뛰어들어 몸으로 객차를 정지시킨다. 기념관 왼쪽 2km 지점으로 추정된다.

시오카리역

시오카리역은 단선으로 운행되는 소야본선(宗谷本線)으로 아사히카와역에서 나요로역을 거쳐 왓카나이역(稚内駅)을 잇는 홋카이도 여객 철도이다. 시오카리역에는 역무원이 없고 한칸 열차를 타고 내리는 승객도 몇 명뿐이라 폐역될 가능성이 있다. 역 주변에는 시오카리고개기념관과 유스호스텔이 있을 뿐 인가는 보이지 않는다.

시오카리역에서 '시오카리고개기념관' 표식을 따라 걸으면 왼편 윗쪽에 하얀 건물이 보인다. '미우라 아야코 고택'을 옮겨와 세운 기념관이다.

시오카리고개기념관 / 미우라 아야코 고택

시오카리고개기념관은 1999년 4월 30일에 개관했다. 미우라 부부는 이 개관식에 참가했다. 이것은 미우라 부부가 1961년에 처음 지은 집으로 '미우라상점'을 운영했던 건물이다.

1961년에 건축한 이 집에서 미우라 부부는 10년간 거주했다. 이후 OMF선교단체에 기증되어 선교사 가족이 살면서 전도소로 사용되었다. 메구미교회가 세워지면서 목사관으로 사용되다가 노후되어 1993년 해체를 결정했다. 그러나

시오카리고개기념관 塩狩峠記念館

홋카이도 가미카와군 왓사무초 시오카리 543
北海道上川郡和寒町塩狩543
+81-165-32-4088
www.town.wassamu.hokkaido.jp

휴관일
• 매주 월요일(월요일 공휴일인 경우는 다음날)

개관 시간
• 4월 2일~9월 오전 10시~오후 4시 30분
• 10월 1일~11월 30일 오전 10시~오후 3시 30분
　※ 매년 2월 28일만 특별 개관

입관 요금
• 개인 : 성인 300엔, 중고생 200엔, 초등학생 이하는 무료
• 단체 : 어른 200엔, 중고생 100엔

MAP

이 고택은 작가 미우라 아야코를 탄생시킨 『빙점』을 비롯해서 초기 대표작들을 집필한 집으로 미우라문학의 원점이라 할 수 있어 많은 이들이 아쉬워했다.

해체식에서 고택에서의 추억을 말하는 미우라 부부의 모습에 감동이 된 사람들이 고택 보존을 결의하고 '빙점의 집 보존회'를 결성했다. 수작업으로 고택의 구조재, 조작재 등을 보존하고 복원할 기회와 장소를 검토했다. 아야코의 작품 중에 유명한 『시오카리 고개』의 무대에 건립하기로 1997년 7월에 미우라 부부와 왓사무초(和寒町)가 합의했다. 왓사무초 확정 100주년을 맞는 1999년에 기념 사업의 일환으로 건립되었다.

이 기념관을 복원하면서 가능하면 원래의 모습을 그대로 재현하려고 했다. 입구 오른쪽에 게시판이 세워져 있다. 1층에서는 3년간 운영했던 잡화점의 모습을 볼 수 있다. 2층에는 안방과 집필실을 검한 방이 서의 그내로 보존뇌어 있다. 이 기념관은 4월부터 11월까지만 관람할 수 있다.

나가노 마사오(長野政雄) 순직 기념비

『시오카리 고개』의 주인공 나가노 노부오의 실제 모델인 나가노 마사오의 순직 기념비가 세워져있다. 1969년 9월 12일에 거행된 제막식에서 아야코는 다음과 같이 말했다.

나가노 씨가 기차 바퀴 아래에서 성취한 죽음은 일상 생활에서 기독교 신자로서 또 철도 직원으로서의 애정이 면면히 흐르고 있었기 때문으로 격한 감동을 받아 소설을 쓸 수 밖에 없었다. 그가 희생의 죽음을 이룬 장소를 사람들은 아무것도 모르고 여행을 즐길 것이다. 하지만 저 고개를 넘을 때 그리스도의 종으로 충실하게 살고 충실하게 죽은 나가노 씨를 추도하면 좋겠다.

이 기념비 주변에서 매년 순직 당일인 2월 28일에 추모식이 거행된다.

나가노 마사오는 1880년 7월 31일 비슈아이치군 미즈호무라(尾州愛知郡水穗村)에서 출생했다. 나가노가(家)는 대대로 비슈가(尾州家)를 섬기고 있었는데 세 살 때에 아버지가 돌아가시고 어머니는 마사오의 후견인으로 세워진 친척에게 사기를 당해 재산을 잃어버린다. 그 일로 열세 살에 보통 소학교를 마치자 바로 나고야 감옥서(監獄署)에 급사(給仕)로 일하며 가계를 보살핀다. 나중에 나고야 항소원의 급사가 되어 열여섯 살 때 사누이(讚井) 판사(判事)에게 인정받아 학복(学僕)[14]이 되어 홋카이도 하코다테(函館)로 갔다. 사누이 판사의 전근에 따라 1년여 만에 오사카로 돌아와 극빈한 가운데도 간사이(関西) 법률학교에서 법률을 배우고 고학의 보람으로 열아홉 살에 오사카 저금관리소(貯金管理所) 등용 시험에 합격하여 정식으로 판사관(判事官)이 될 수 있었다. 그 무렵 침식을 같이했던 친구 나카무라 슌우(中村春雨)의 인도로 오사카 덴마(天満)교회에서 세례를 받았다.

1898년 5월, 선배를 따라 홋카이도 철도부(삿포로)에서 봉직한 그는 1901년 11월에 아사히카와 운수사업소에서 근무하게 되고 이후 서무주임으로 성실하게 근무하며 복음 전도를 위해 노력 분투했다. 스스로 철도부원 기독교 청년회를 조직하고 간사장으로 일요일에는 각 역 방문 전도에 힘썼고 현저한 성과를 거두었다. 1909년 2월 27일, 방문 전도를 위해 시오카리 고개를 넘어 덴시오노쿠니(天塩国) 나요로를 방문한 그는 거기에서 묵으며 철도사무를 시찰하고 기독교 청년회를 지도했다. 다음날 28일, 마지막 열차로 귀가하던 나가노 마사오는 운명의 순간을 맞이했다.

나가노 마사오 무덤

나가노 마사오의 무덤은 아사히카와시 지카부미(近文) 묘지에 있다. 2001년 5월 로쿠조교회 설립 100주년을 기념해 헐몬(Hermon)회가 제언해서 이 묘소를 정

---

14   글방이나 스승의 집에서 일하면서 공부하는 사람.(Prime일한사전)

MAP

나가노 마사오 순직 기념비 長野政雄 顯彰碑

홋카이도 가미카와군 왓사무초 시오카리
北海道上川郡和寒町塩狩

MAP

나가노 마사오 무덤

홋카이도 아사히카와시 지카부미 6센 1호
北海道旭川市近文6線1号

비하고 기념비를 세웠다.

이 비는 37구(區)라는 구역에 있다. 묘지 주차장 입구에서 북동쪽으로 70m를 가다가 왼쪽 두 번째 통로에서 좌회전해 서북쪽으로 약 70m의 완만한 언덕을 오른다. 그 언덕의 오른쪽 11번째 줄. 그 11번째 줄 앞에서 두 번째에 있는 무덤이다. 비에는 다음과 같이 적혀 있다.

- 1880년 7월 31일 비슈아이치군 미즈호무라(현재 나고야시 미즈호구)에서 태어나다.
- 1898년 철도원 홋카이도 철도부 삿포로역에서 근무하다.
- 1901년 아사히카와 운수사무소로 전근하다. 그리스도 신앙이 열정적인 당 교회(로쿠조교회)의 임원으로서 수고하다.
- 1909년 2월 28일 왓사무초 시오카리 고개에서 연결이 풀려 급경사를 역주행하는 객차를 멈추려는 희생적인 죽음으로 많은 승객의 생명을 구하다. 상시 휴대하던 유서에 "나는 감사해 모든 것을 하나님께 드리고 생사고락 동일하게 감사"라고 적혀 있었다.
- 1966년 나가노 형제를 모델로 한 소설 『시오카리 고개』를 당 교회의 작가 미우라 아야코 씨가 집필해 많은 감동을 불러오다.
- 1969년 시오가리 고개에 〈나가노 마사오 순직 기념비〉가 건립되다.
- 1998년 아사히카와시에 〈미우라아야코기념문학관〉이 설립되다.
- 1999년 시오카리 고개에 구(旧) 미우라 고택을 복원해 〈시오카리고개기념관〉이 설립되어 관련 자료가 전시되다.
- 2001년 5월 교회 설립 100주년을 기념하여 당 교회 헐몬회의 제안으로 이 무덤이 정비되었다.

Blu-ray 시오카리 고개 HD 리마스터판
출처: https://www.amazon.co.jp/Blu-ray-塩狩峠-HDリマスター版/dp/B0BLHF7JF6

미우라 아야코 연표

미우라 아야코 연표

1922년 (0세)	• 4월 25일 / 아사히카와시 4조도오리 16초메 좌2호에서 아버지 홋타 데쓰지, 어머니 기사의 다섯 번째 자녀(차녀)로 태어나다.
1929년 (6세)	• 3월 / 홋타 일가, 아사히카와시 9조 12초메 우7호로 이사하다.
1929년 (7세)	• 4월 / 아사히카와시립 다이세이보통고등소학교 입학하다.
1930년 (8세)	• 봄 / 마에카와 일가가 옆집으로 이사오다. 마에카와 다다시와 만나다.
1931년 (9세)	• 3학년 진급, 반장으로 뽑히다. 1년간 로쿠조교회 주일학교에 다니다.
1932년 (10세)	• 홋타 일가, 아사히카와시 9조 12초메 혼도오리 좌3호로 이사하다. 독서에 관심을 갖다. 큰 오빠의 가업을 도와 새벽 우유 배달을 시작하다. 그 후 7년간 계속하다.
1933년 (11세)	• 소학교 5학년 여름 방학, 첫 소설 『두견새 울 무렵(ほととぎす鳴く頃)』을 노트에 쓰다.
1935년 (13세)	• 4월 / 아사히카와시립 고등여학교에 추천 입학하다. • 6월 24일 / 여동생 요코가 결핵으로 사망하다.
1936년 (14세)	• 여학교 2학년, 과제 작문 「이이 다이로(井伊大老)에 대해서」를 써서 교내외에서 호평을 받다.
1937년 (15세)	• 류마티스로 3개월간 휴학. 독서에 전념하다. • 마에카와 미키코의 죽음 소식을 듣다.
1938년 (16세)	• 신임교사 네모토 요시코(根本芳子)에게 끌려 철저한 준비를 해서 적극적으로 수업에 참가하다.

1939년 (17세)	• 3월 / 고등여학교 졸업하다. • 4월 / 홋카이도 소라치(空知)군 우타시나이(歌志内) 공립 가모이(神威) 보통고등소학교에 대용(代用) 교원으로 부임하다.
1940년 (18세)	• 4월 / 대용교원에서 정규교원이 되다. 신입 1학년 담임이 되다.
1941년 (19세)	• 4월 / 가모이보통고등소학교 몬주(文珠)분교장으로 전근 가다. • 9월 / 아사히카와게이메이(啓明)소학교로 전근 가다.
1942년 (20세)	• 여름 / 삿포로고등기예학교에서 열흘간 강습을 받다. 이때 친척집에서 니시나카 이치로를 만나다. 가모이와 몬주를 방문하다. • 8월 / 유바리(夕張)에서 보낸 청년 E의 편지를 받다.
1943년 (21세)	• 해군에 입대하는 니시나카 이치로가 찾아와 만나다.
1944년 (22세)	• 고모 문병차 오사카를 방문하다. 도중에 센다이 육군병원에 입원 중인 오빠 문병. 도쿄의 고모 방문. 오사카 대학병원에 입원 중인 고모 문병. 첫 혼슈(本州) 여행. 교토를 관광하다. • 여름 / 아사하카와 교외 애국비행장에서 여자 청년단 지도원으로 봉사하다. 여기서 약혼자 T를 만나다.
1945년 (23세)	• 8월 15일 정오 / 옥음(玉音)방송을 듣고 봉안전에 엎드려 울다. 일본 무조건 항복. 교과서 먹칠 사건으로 충격받다. • T의 청혼. T가 폐결핵 치료를 위해 고향 도치기로 귀가. • 니시나카 이치로에게 청혼 받다. 이중 약혼. • 니시나카 이치로도 고향으로 돌아가다. 한동안 T와 니시나카, 두 사람과 편지를 주고 받다.
1946년 (24세)	• 3월 / 패전까지의 국가의 기만, 교육의 잘못을 깨닫고 게이메이소학교를 자진 퇴직하다. • 4월 / 니시나카 이치로의 약혼 예물 도착한 날 뇌빈혈로 쓰러지다. • 6월 / 결핵으로 진단받고 아사히카와 시내의 결핵요양소 '백운장(白雲莊)'에 들어가다. 13년에 이르는 요양 생활 시작하다.

1947년 (25세)	• 3월 / 약혼자 T의 죽음을 가족이 알려오다.
1948년 (26세)	• 3월 / 둘째 오빠 기쿠오 전사하다. • 8월 / 다시 결핵요양소에 들어가다. 결핵요양자들의 모임 '동생회(同生会)'의 서기를 맡다. • 12월 27일 / 결핵으로 휴학 중인 홋카이도대학 의학부 학생, 소꿉친구 마에카와 다다시와 재회, 편지 왕래가 시작되다.
1949년 (27세)	• 6월 / 니시나카 이치로와 약혼 파기, 샤리(斜里)에서 바다에 입수, 자살 미수되다. 마에카와 다다시, 아사히카와시 슌코다이(春光台)에서 자기 발을 돌로 내려찍으며 아야코에게 충고하다. 아야코, 성경을 읽기 시작하다.
1950년 (28세)	• 6월 / 마에카와 다다시와 함께 홋카이도대학 부속병원에서 진찰받다.
1951년 (29세)	• 10월 / 아사히카와 적십자병원에 입원하다.
1952년 (30세)	• 2월 / 척추카리에스로 의심이 커지면서 삿포로의과대학 부속병원에 입원하다. • 3월 / 마에카와 다다시의 엽서를 받은 삿포로기타이치조교회 장로 니시무라 규조(『사랑의 귀재』의 주인공)의 문병을 받다. • 5월 / 척추카리에스로 진단받다. • 7월 5일 / 니시무라 규조의 입회와 오노무라 린조 목사 집례로 병상 세례를 받다. • 12월 / 마에카와 다다시, 늑골 절제 수술하다.
1953년 (31세)	• 7월 12일 / 니시무라 규조 급사하다. • 10월 / 깁스 침대 상태로 삿포로의과대학 부속병원을 퇴원. 자택요양에 들어가다. • 11월 / 마에카와 다다시가 아야코를 방문. 이것이 마지막 방문이 되다.
1954년 (32세)	• 5월 2일 / 마에카와 다다시 소천. 향년 34세. 깊은 슬픔으로 1년간 거의 사람을 만나지 않고 보내다.

1955년 (33세)	• 6월 18일 / 미우라 미쓰요(아사히카와 영림서 근무), 처음으로 아야코 문병하다.
1956년 (34세)	• 6월 / 이가라시 겐지(『저녁이 되고 아침이 되니』의 주인공)의 문병을 받다. • 7월 / 미쓰요에게 결혼 신청을 받다.
1957년 (35세)	• 집안을 걷거나 일어나 식사할 수 있을 정도가 되다.
1958년 (36세)	• 7월 / 환각 증상으로 홋카이도대학 부속병원에 입원. 2개월 후에 퇴원하다. 척추 카리에스 완치 확인하다.
1959년 (37세)	• 1월 25일 / 아사히카와 로쿠조교회에서 미우라 미쓰요와 약혼식. 성경을 교환하다. • 5월 24일 / 아사히카와 로쿠조교회에서 나카지마 마사아키 목사의 주례로 결혼식. 미우라 성(姓)이 되다. 아사히카와시 9조 14초메 좌9호에서 신혼 생활 시작하다. • 9월 / 소운쿄(層雲峽)로 신혼여행 가다. • 10월 / 신장 결핵을 앓았던 미쓰요 발열, 다음 해 6월까지 자택 요양하다.
1960년 (38세)	• 9월 / 잡화점을 겸한 주택 신축을 계획. 스즈키 신키치(鈴木新吉)를 만나다. • 12월 / 제1회 어린이 크리스마스회를 열다.
1961년 (39세)	• 1월 / 「주부의 벗」 모집의 '아내가 쓴 실화'에 필명 하야시타 리쓰코(林田律子)로 응모. 제목 「태양은 다시 지지 않고」. • 3월 / 아사히카와 로쿠조교회 목사관에 입주해서 생활하다. • 6월 / 미쓰요, 급성 맹장염으로 입원. 40여일 치료. • 7월 / 아사히카와시 히가시마치 3초메(현, 도미오카 2조 4초메)로 입주하다. • 8월 / 잡화점 '미우라상점'을 개업. • 12월 10일 / 슈후노토모샤(주부의벗사)에서 입선 통지.
1962년 (40세)	• 1월 / 「주부의 벗」 신년호에 입선작 「태양은 다시 지지 않고」가 게재됨.

1963년
(41세)

- 1월 / 아사히신문사가 오사카 본사 창간 85주년·도쿄 본사 75주년을 기념해 1,000만 엔 현상 소설 공모를 발표. 미쓰요와 상담하여 응모를 결정하다. 심야 집필을 시작하다.
- 12월 31일 새벽 2시 / 소설 『빙점』 완성. 우체국에서 발송.

1964년
(42세)

- 6월 9일 / 아사히신문사 응모 총수 731편에서 25편에 포함되어 발표.
- 6월 30일 / 예선 통과 12편에 포함되어 발표.
- 7월 6일 / 『빙점』 1위 입선 내정 소식이 전해지다.
- 7월 10일 / 아사히신문에 입선 발표. 21일, 아사히신문사 본사 강당에서 수상식.
- 8월 / 잡화점 폐점. 아사히카와시 주최 수상 축하회.
- 12월 9일 / 아사히신문 조간에 『빙점』 연재 개시(~65년 11월 14일)

1965년
(43세)

- 7월 / 「양들의 언덕」을 『주부의 벗』 8월호부터 연재 개시(다음 해 12월호까지)
- 11월 15일 / 장편 소설 『빙점』 단행본 간행(아사히신문사)

1966년
(44세)

- 『빙점』 붐이 전국으로 퍼져 작가로서 지위를 확립하다.
- 여름 / 오타루의 호텔에서 처음 구술필기로 집필하다.
- 12월 / 미쓰요, 아사히카와 영림국을 퇴직. 이후 아야코의 매니저에 전념하다.

1967년
(45세)

- 10월 / 『사랑하는 것 믿는다는 것』 고단샤(講談社)에서 간행.

1968년
(46세)

- 5월 / 『적목 상자』 아사히신문사에서 간행.
- 9월 / 『시오카리 고개(塩狩峠)』 신초샤(新潮社)에서 간행.

1969년
(47세)

- 1월 / 『길은 여기에』 슈후노토모샤(주부의벗사)에서 간행.
- 4월 30일 / 아버지 데쓰지 사망. 향년 79세.
- 9월 / 『시오카리 고개』의 주인공 모델인 나가노 마사오 유덕 현장비 제막식에 출석(가미카와군 왓사무초 시오카리)

1970년
(48세)

- 10월 / 오사카 강연 때 목 상태가 나빠져 암 전단계로 진단받다.
- 12월 / 초대 비서 나쓰이자카 유코(夏井坂裕子).

1971년 (49세)	• 8월 / 혈소판 감소증으로 진단받다. • 9월 / 살던 집 가까이에 새 집을 신축하여 이전. 살던 집을 선교단체 OMF에 　　　 기증하다.
1972년 (50세)	• 11월 / 『호소카와 가라샤 부인』 취재를 위해 오사카 · 교토 · 와카사(若狭) 지방을 　　　 방문하다. • 비서가 하치야나기 요코(八柳洋子)로 교체되다.
1973년 (51세)	• 3월 / 영화 『시오카리 고개』(감독:나카무라 노보루(中村登) 홋카이도 로케 개시. • 12월 / 영화 『시오카리 고개』 개봉.
1974년 (52세)	• 3월 / 영화 『시오카리 고개』 전국 관객수 13만명 돌파.
1975년 (53세)	• 9월 / 『이류 지대』 취재를 위해 가미후라노마치(上富良野町), 　　　 도카치다케(十勝岳)를 방문하다.
1976년 (54세)	• 9월 / 심장발작으로 미국, 캐나다 강연 여행 중지.
1977년 (55세)	• 4월 / 『해령』, 『센노리큐와 그 아내들』 취재 및 강연을 위해 간토, 간사이, 　　　 아이치현 지타반도(知多半島), 홍콩, 마카오를 여행.
1978년 (56세)	• 3월 27일 / 어머니 기사(キサ) 사망. 향년 86세. • 5월 / 『해령』 취재를 위해 프랑스, 영국, 캐나다, 미국을 여행.
1979년 (57세)	• 4월 / 『속, 이류 지대』를 신초샤에서 간행. • 4월부터 11월에 걸쳐 간사이 각지와 홋카이도 각지에서 강연.
1980년 (58세)	• 4월 / 대상포진으로 아사히카와의과대학 부속병원에 입원. 『해령』 연재를 3개월 　　　 중단. • 10~11월 / 정양(静養)을 위해 이즈오시마(伊豆大島)에서 체재. • 현미식(玄米食)을 시작.

1981년 (59세)	• 4월 / 『해령(상하)』를 아사히신문사에서 간행. • 11월 / 첫 희곡 〈진판·혀 짤린 참새〉를 새로 쓰고, 12월 18일, 아사히카와 시민크리스마스에서 상연.
1982년 (60세)	• 5~6월 / 직장암 수술을 위해 아사히카와 적십자병원에 입원.
1983년 (61세)	• 5월 / 『미우라 아야코 작품집』 전 18권 간행 개시(아사히신문사, 84년 10월 완결)
1984년 (62세)	• 5월 / 가미후라노마치에 『이류 지대』 문학비 건립. • 5~6월 / 『어린 나귀 목사 이야기』 취재를 위해 미국, 이탈리아, 이스라엘, 그리스 각지를 방문하다.

1985년
(63세)
	• 5~6월 / 『어린 나귀 목사 이야기』 취재를 위해 교토, 이마바리, 도쿄를 순회하다.
	  몸 상태가 악화되어 이마바리에서 귀로, 오사카에서 분말우유
	  단식요법을 받고 호전.

1986년 (64세)	• 6월 / 『저녁이 되고 아침이 되니』 취재를 위해 도쿄, 조에쓰(上越), 지가사키의 이가라시 겐지의 연고지를 순회하다. • 『눈의 앨범』이 쇼가쿠칸에서, 『풀의 노래』가 가도카와서점에서 간행.
1987년 (65세)	• 10월 / 『엄마』 취재를 위해 도쿄에 채제.
1988년 (66세)	• 하루 만보 걷기, 분말우유를 마시는 독특한 요법으로 병마와 싸우다. • 5월 / 군마현 세타군(勢多郡) 아즈마무라(東村)에 시인 호시노 도미히로 씨를 방문하여 대담.
1989년 (67세)	• 5월 / 결혼 30주년 기념 CD앨범 〈결혼 30년의 어느 날에〉 완성.

1990년 (68세)	• 1월 / 오사카 마이니치TV제작 「미등(尾燈)」 방영. 소설 『총구(銃口)』를 『책의 창(本の窓)』에 연재 개시(1월호부터 1993년 8월호까지)
1991년 (69세)	• 여름 경부터 걸음걸이에 변조. • 7월 / 슈후노토모샤(주부의벗사) 창업 75주년 기념 출판 『미우라 아야코 전집』 전 20권 간행 개시(93년 4월 완결).
1992년 (70세)	• 1월 / 파킨슨병 진단받다. 약의 부작용으로 환각과 손 떨림이 발병. • 9월 / 이쿠타하라초(生田原町)의 오오츠크 문학비공원에 미우라 아야코 문학비가 건립되다.
1993년 (71세)	• 4월 / 아사히카와여자고등산업학교(현, 아사히카와메이세이(明星)고등학교)에 '미우라 아야코 문고, 땅의 소금' 오픈.
1994년 (72세)	• 11월 / '홋카이도신문 사회문화상' 수상.
1995년 (73세)	• 10월 / 미우라아야코기념문학관 설립발기인 모임에 출석하여 인사하다. • 12월 / 미우라아야코기념문학관 설립실행위원회가 정식으로 발족, 출석하여 인사하다.
1996년 (74세)	• 3월 / NHK가 『총구』를 텔레비전 드라마화. 아사히카와 시내 로케가 시작되다. • 7월 / 약의 부작용으로 환각이 심해 기력과 체력이 현저하게 저하. • 8월 / 회복되지 않아 3편의 연재를 일시 중지. • 9월 / '미우라아야코기념문학관을 만들자 삿포로 모임' 결성 총회. 소설 『총구』로 '제1회 이하라 사이카쿠(井原西鶴)상' 수상. • 11월 / '홋카이도 문화상' 수상.

1997년	• 1~6월 / 치료를 위해 삿포로 가시와바(柏葉)뇌신경외과병원에 남편과 함께
(75세)	입원. 3편의 연재를 중지.
	• 4월 / 재단법인 미우라 아야코 기념문화재단 발족.
	• 7월 / '제1회 아시아 기독교 문학상' 수상.
	• 7~8월 / 발열후, 몸 상태가 좋지 않아 아사히카와 재활(Rehabilitation) 병원에
	입원.
	• 8월 / '홋카이도 개발 공로상' 수상.
	• 9월 / 수상식에 출석(홋카이도개척기념관).
	• 9월 3일 / 미우라아야코기념문학관 착공.

1998년	• 6월 13일 / 미우라아야코기념문학관 오픈식에 참가.
(76세)	

1999년	• 3월 1일 / 26년간 비서로 근무한 하치야나기 요코 소천.
(77세)	• 4월 30일 / 가미카와군 왓사무마치에 개관하는 시오카리고개기념관 오픈식에
	참가.
	• 7월 14일 / 발열로 아사히카와 신도(進藤) 병원에 입원.
	• 8월 9일 / 일시 회복하여 재활병원으로 옮겨 치료에 힘쓰다.
	• 9월 5일 / 심폐 기능이 정지해 위독. 일진일퇴하며 기적적으로 차도를 보이다.
	• 10월 12일 / 오후 2시를 지나 혈압과 맥박이 급격히 내려가기 시작해 오후 5시
	39분, 다장기부전으로 소천.
	• 10월 14일 / 로쿠조교회 주관으로 아사히카와 장례식장에서 젠야시키(前夜式).
	• 10월 15일 / 장례식.
	• 10월 25일 / '작가 미우라 아야코를 추모하는 모임'이 아사히카와
	시민문화회관에서 거행.

미우라 아야코 저서

미우라 아야코 저서

단독 저서

1. 『빙점氷点』, 아사히신문사朝日新聞社, 65년 11월
2. 『양들의 언덕ひつじが丘』, 슈후노토모샤(주부의벗사)主婦の友社, 66년 12월
3. 『사랑하는 것 믿는다는 것愛すること信ずること』, 고단샤講談社, 67년 10월
4. 『적목 상자積木の箱』, 아사히신문사朝日新聞社, 68년 5월
5. 『시오카리 고개塩狩峠』, 신초샤新潮社, 68년 9월
6. 『길은 여기에道ありき』, 슈후노토모샤(주부의벗사)主婦の友社, 69년 1월
7. 『병들었을 때도病めるときも』, 아사히신문사朝日新聞社, 69년 10월
8. 『재판의 집裁きの家』, 슈에이샤集英社, 70년 5월
9. 『이 질그릇에도この土の器をも』, 슈후노토모샤(주부의벗사)主婦の友社, 70년 12월
10. 『속, 빙점続氷点』, 아사히신문사朝日新聞社, 71년 5월
11. 『빛이 있는 동안에光あるうちに』, 슈후노토모샤(주부의벗사)主婦の友社, 71년 12월
12. 『살아가는 것 생각하는 것生きること思うこと』, 슈후노토모샤(주부의벗사)主婦の友社, 72년 6월
13. 『자아의 구도自我の構図』, 고분샤光文社, 72년 7월
14. 『돌아오지 않는 바람帰りこぬ風』, 슈후노토모샤(주부의벗사)主婦の友社, 72년 8월
15. 『모레의 바람あさっての風』, 가도카와서점角川書店, 72년 11월
16. 『잔상残像』, 슈에이샤集英社, 73년 3월
17. 『생명에 새겨진 사랑의 유품生命に刻まれし愛のかたみ』, 고단샤講談社, 73년 5월
18. 『죽음 저편까지도死の彼方までも』, 고분샤光文社, 73년 12월
19. 『돌멩이의 노래石ころのうた』, 가도카와서점角川書店, 74년 4월
20. 『구약성서입문旧約聖書入門』, 고분샤光文社, 74년 12월
21. 『호소카와 가라샤 부인細川ガラシャ夫人』, 슈후노토모샤(주부의벗사)主婦の友社, 75년 8월
22. 『덴포쿠 벌판 상/하권天北原野 上·下巻』, 아사히신문사朝日新聞社, 76년 3,5월
23. 『돌 숲石の森』, 슈에이샤集英社, 76년 4월
24. 『드넓은 미로広き迷路』, 슈후노토모샤(주부의벗사)主婦の友社, 77년 3월
25. 『이류 지대泥流地帯』, 신초샤新潮社, 77년 3월
26. 『머나 먼 언덕果て遠き丘』, 슈에이샤集英社, 77년 6월
27. 『신약성서입문新約聖書入門』, 고분샤光文社, 77년 6월
28. 『독보리 계절毒麦の季』, 고분샤光文社, 78년 10월
29. 『하늘 사다리天の梯子』, 슈후노토모샤(주부의벗사)主婦の友社, 78년 12월
30. 『속, 이류 지대続泥流地帯』, 신초샤新潮社, 79년 4월
31. 『고독 옆에는孤独のとなり』, 가도카와서점角川書店, 79년 4월
32. 『반석에 서다岩に立つ』, 고단샤講談社, 79년 5월
33. 『센노리큐와 그 아내들千利休とその妻たち』, 슈후노토모샤(주부의벗사)主婦の友社, 80년 3월
34. 『해령 상/하권海嶺 上·下巻』, 아사히신문사朝日新聞社, 81년 4월
35. 『예수 그리스도의 생애イエス·キリストの生涯』, 고단샤講談社, 81년 10월
36. 『우리들의 예수님わたしたちのイエスさま』, 쇼가쿠칸小学館, 81년 12월
37. 『내 청춘에 만난 책わが青春に出会った本』, 슈후노토모샤(주부의벗사)主婦の友社, 82년 2월
38. 『파란 가시青い棘』, 학습연구사学習研究社, 82년 4월
39. 『물 없는 구름水なき雲』, 중앙공론사中央公論社, 83년 9월

40. 『샘으로의 초대泉への招待』, 일본기독교단출판국日本基督教団出版局, 83년 9월
41. 『사랑의 귀재愛の鬼才』, 신초샤新潮社, 83년 10월
42. 『쪽빛 편지지藍色の便箋』, 쇼가쿠칸小学館, 83년 12월
43. 『북국 일기北国日記』, 슈후노토모샤(주부의벗사)主婦の友社, 84년 5월
44. 『하얀 겨울날白き冬日』, 학습공론사学習公論社, 85년 4월
45. 『나나카마도 마을에서ナナカマドの街から』, 홋카이도신문사北海道新聞社, 85년 11월
46. 『성서에서 보는 인간의 죄聖書に見る人間の罪』, 고분샤光文社, 86년 3월
47. 『푹풍이 몰아칠 때도嵐吹く時も』, 슈후노토모샤(주부의벗사)主婦の友社, 86년 8월
48. 『풀의 노래草のうた』, 가도카와서점角川書店, 86년 12월
49. 『눈의 앨범雪のアルバム』, 쇼가쿠칸小学館, 86년 12월
50. 『어린나귀 목사 이야기ちいろば先生物語』, 아사히신문사朝日新聞社, 87년 5월
51. 『저녁이 되고 아침이 되니夕有り朝あり』, 신초샤新潮社, 87년 9월
52. 『내 빨간 수첩에서私の赤い手帳から』, 쇼가쿠칸小学館, 88년 1월
53. 『작은 우편차小さな郵便車』, 가도카와서점角川書店, 88년 8월
54. 『그래도 내일은 온다それでも明日が来る』, 슈후노토모샤(주부의벗사)主婦の友社, 89년 1월
55. 『저 포플러 위가 하늘あのポプラの上が空』, 고단샤講談社, 89년 9월
56. 『살아 가게 된 날들生かされてある日々』, 일본기독교단출판국日本基督教団出版局)89년 9월
57. 『당신에게 속삭임あなたへの囁き』, 가도카와서점角川書店, 89년 11월
58. 『ㅏ는 비록 야하ㅏわれ弱ければ』, 쇼가쿠칸小学館, 89년 12월
59. 『바람은 어디로부터風はいずこより』, 이노치노고토바샤(생명의말씀사)いのちのことば社, 90년 9월
60. 『기도의 풍경祈りの風景』, 일본기독교단출판국日本基督教団出版局, 91년 9월
61. 『마음 있는 집心のある家』, 고단샤講談社, 91년 12월
62. 『엄마母』, 가도카와서점角川書店, 92년 3월
63. 『꿈꾸는 밤들夢幾夜』, 가도카와서점角川書店, 93년 1월
64. 『그리스도교·기도의 형태キリスト教·祈りのかたち』, 슈후노토모샤(주부의벗사)主婦の友社, 94년 2월
65. 『총구 상/하권銃口 上·下巻』, 쇼가쿠칸小学館, 94년 3월
66. 『이 질병마저도 선물로この病をも賜ものとして』, 일본기독교단출판국日本基督教団出版局, 94년 10월
67. 『작은 한걸음부터小さな一歩から』, 고단샤講談社, 94년 11월
68. 『희망·내일로希望·明日へ』, 홋카이도신문사北海道新聞社, 95년 2월
69. 『새로운 열쇠新しき鍵』, 고분샤光文社, 95년 5월
70. 『난병일기難病日記』, 슈후노토모샤(주부의벗사)主婦の友社, 95년 10월
71. 『생명이 있는 한命ある限り』, 가도카와서점角川書店, 96년 4월
72. 『사랑하는 것 살아가는 것愛すること生きること』, 고분샤光文社, 97년 5월
73. 『다양한 사랑의 형태さまざまな愛のかたち』, 호루푸출판ほるぷ出版, 97년 11월
74. 『말씀의 꽃다발言葉の花束』, 고단샤講談社, 98년 6월
75. 『비는 내일 개일 거야雨はあした晴れるだろう』, 홋카이도신문사北海道新聞社, 98년 7월
76. 『빛과 사랑과 생명ひかりと愛といのち』, 이와나미서점岩波書店, 98년 12월
77. 『내일을 노래해 생명이 있는明日をうたう　命ある限り』, 가도카와서점角川書店, 99년 12월
78. 『남겨진 말씀遺された言葉』, 고단샤講談社, 00년 9월
79. 『그리운 시간いとしい時間』, 쇼가쿠칸小学館, 00년 10월
80. 『인간의 원점 고난을 희망으로 바꾸는 말씀人間の原点 苦難を希望に変える言葉』, PHP연구소PHP研究所, 01년 8월
81. 『영원한 말씀永遠のことば』, 슈후노토모샤(주부의벗사)主婦の友社, 01년 11월
82. 『잊어서는 안 될 것忘れてならぬもの』, 일본기독교단출판국日本基督教団出版局, 02년 2월
83. 『샛빨간 나무まっかなまっかな木』, 홋카이도신문사北海道新聞社, 02년 4월

84. 『나에게 있어 쓴다는 것이란私にとって書くということ』, 일본기독교단출판국日本基督教団出版局, 02년 9월
85. 『사랑과 신앙으로 살다愛と信仰に生きる』, 일본기독교단출판국日本基督教団出版局, 03년 4월
86. 『허짤린 참새의 크리스마스したきりすずめのクリスマス』, 홈스쿨링비전ホームスクーリング・ビジョン, 08년 12월
87. 『언덕 위의 해후丘の上の邂逅』, 쇼가쿠칸小学館, 12년 4월
88. 『죄송하다고 말할 수 있다ごめんなさいといえる』, 쇼가쿠칸小学館, 14년 4월
89. 『나라를 사랑하는 마음国を愛する心』, 쇼가쿠칸小学館, 16년 4월
90. 『미우라 아야코 366 명언三浦綾子366のことば』, 일본기독교단출판국日本基督教団出版局, 16년 7월
91. 『한 날의 괴로움은 그날로 족하니라一日の苦労は、その日だけで十分です』, 쇼가쿠칸小学館, 18년 4월

전집 및 작품집

1. 『미우라 아야코 작품집 전 18권三浦綾子作品集 全18巻』, 아사히신문사朝日新聞社, 83년 5월~84년 10월
2. 『미우라 아야코 전집 전 20권三浦綾子全集 全20巻』, 슈후노토모샤(주부의벗사)主婦の友社, 91년
   7월~93년 4월
3. 『미우라 아야코 대화집 전 4권三浦綾子対話集 全4巻』, 준포샤旬報社, 99년 1월~4월
4. 『미우라 아야코 소설 선집 전 8권三浦綾子小説選集全8巻』, 슈후노토모샤(주부의벗사)主婦の友社, 00년
   12월

미우라 미쓰요와의 공저

1. 『사랑에 멀리 있어도愛に遠くあれど』, 고단샤講談社, 73년 4월
2. 『함께 걸으면共に歩めば』, 세이토샤聖燈社, 73년 11월
3. 『태양은 언제나 구름 위에太陽はいつも雲の上に』, 슈후노토모샤(주부의벗사)主婦の友社, 74년 11월
4. 『내일의 당신께明日のあなたへ』, 슈후토세이카쓰샤(주부와생활사)主婦と生活社, 93년 9월
5. 『석양의 여행객夕映えの旅人』, 일본기독교단출판국日本基督教団出版局, 00년 10월
6. 『사랑을 잣다愛つむいで』, 홋카이도신문사北海道新聞社, 03년 6월
7. 『아야코·미쓰요 서로 반향하는 말씀綾子·光世 響き合う言葉』, 홋카이도신문사北海道新聞社, 09년 4월
8. 『서로 믿고 지지하고信じ合う支え合う』, 홋카이도신문사北海道新聞社, 18년 4월

호시노 도미히로와의 공저

1. 『은색 발자취銀色のあしあと』, 이노치노고토바샤(생명의말씀사)いのちのことば社, 88년 11월

미우라 아야코의
길 따라

아사히카와 문학기행

글 권요섭

2024년 5월 10일 초판 1쇄
2024년 12월 9일 초판 2쇄

펴낸이 정영오
펴낸곳 크리스천르네상스
주소 경기도 안산시 단원구 와동로 5길 301호(와동, 대명하이빌)
등록번호 2019-000004(2019년 1월 31일)

표지 디자인 디자인집(02-521-1474)

ISBN 979-11-94012-00-9(03230)

값 16,000원